100 UNGLAUBLICHE FAKTEN FÜR COOLE KIDS

SPANNENDES WISSEN FÜR CLEVERE JUNGS UND MÄDCHEN

SIGNIFANT VERLAG

Impressum

Autor: Signifant Verlag, André Voget, Erlenhofstraße 25, 56235 Ransbach-Baumbach, Deutschland • www.signifant.de

Grafiken kommerziell lizenziert von Vecteezy.com

ISBN 978-3-948577-08-7 (eBook)

ISBN 978-3-948577-09-4 (Taschenbuch)

INHALT

VORWORT

- **Welches Lied wurde auf dem Mars gespielt?**
- **Wie schnell entstehen Berge?**
- **Warum gab es Katzen, die Post austrugen?**
- **Wie viele Bade-Enten schwimmen im Meer?**
- **Wie lagert man Eis in der Wüste?**
- **Welcher Sportler brach sechs Weltrekorde in einer Schulstunde?**

Die Antworten auf diese Fragen findest du in diesem verrückten und unterhaltsamen Buch. Der dritte Band der Reihe »Fakten für coole Kids« bietet wieder einhundert spannende Kapitel.

Entdecke einhundert unglaubliche Fakten in diesen zehn Themenbereichen: Sport, Weltraum, Mensch, Wissenschaft, Essen, Schule, Geschichte, unsere Welt, Sprache und Tiere.

Viele Bilder, eine einfache Sprache und kurze Texte machen das Buch auch für Lesemuffel zum Vergnügen. Wenn du Rätsel magst, dann wirst du das große Wissens-Quiz am Ende des Buches lieben!

Und jetzt viel Spaß mit 100 verrückten, kuriosen, spannenden und unglaublichen Fakten!

1

WIE SCHNELL DU NIESEN KANNST
MENSCH

Wenn du einen Elfmeter schießt und ganz fest gegen einen Fußball trittst – wie schnell fliegt der Ball ins Tor?

Elfmeterbälle fliegen mit bis zu 40 Meter pro Sekunde wie Kanonenkugeln auf das Tor zu. Bei einer solchen Geschwindigkeit erreicht der Ball in nur 0,3 Sekunden das Tor.

Und wie schnell kannst du niesen? Genauso schnell! Das Niesen ist so explosiv, weil nicht nur die Nase betroffen ist. Es ist eine Reflexreaktion, an der die Muskeln des Gesichts, des Halses und der Brust beteiligt sind.

Ist dir einmal aufgefallen, dass du die Augen schließen musst, wenn du niest? Das liegt daran, dass die Muskeln, die deine Augen schließen, ebenfalls Teil dieser Reflexreaktion sind.

Mit der Geschwindigkeit des Niesens bricht der Mensch viele Weltrekorde. Du niest schneller als ein Gepard laufen kann, du niest fünf Mal schneller als der schnellste Mensch der Welt laufen kann und 20 Mal schneller als der schnellste Mensch schwimmen kann.

ERSTES LIED AUF EINEM FREMDEN PLANETEN
WELTRAUM

Am 5. August 2012 landete ein Rover, ein Roboter-Raumschiff, auf dem Mars. Die amerikanische Weltraumbehörde NASA schickte den Rover namens »Curiosity« auf den Mars, um seine Oberfläche zu untersuchen.

Um ein Jahr später seinen ersten Geburtstag zu feiern, **überlegte sich die NASA etwas Besonderes.** Die Ingenieure schickten Anweisungen an ein Bauteil des Rovers. Dieses Teil kann hörbare Töne erzeugen, indem es mit unterschiedlichen Frequenzen schwingt. Normalerweise wird es genutzt, um Marsproben zu filtern.

Aber in diesem Fall, durch das Senden einer Reihe von Tonfrequenzen, konnte Curiosity das Geburtstagslied »Happy Birthday« für sich selbst erklingen lassen.

Die NASA meinte danach, das Lied hatte sich bei der dünnen marsianischen Luft sehr schwach angehört. Dennoch war es etwas ganz Neues in der Geschichte der Menschheit.

»Happy Birthday« ist seitdem das erste Lied auf einem fremden Planeten, und »Curiosity« der erste Roboter, der es gespielt hat.

POLIZEIGÄNSE
TIERE

Du hast sicher von Polizeihunden gehört, aber wie steht es mit Polizeigänsen?

Das Büro für öffentliche Sicherheit des Bezirks Shawan in China ermutigte zwölf ländliche Polizeistationen, Gänsegruppen zur Bewachung einzurichten.

Gänse sind aufmerksame Tiere und können eine Menge Lärm und Aufsehen verursachen, besonders nachts. Wenn eine Gans Alarm schlägt, folgen die anderen. Sie schnattern so lange, bis die Bedrohung vorbei ist.

Mit Erfolg: Die Gänse haben geholfen, einen Diebstahl zu verhindern. Ein Polizeibeamter entdeckte einen Bauern mit einem nicht angemeldeten Motorrad. Der Bauer stieg ab und floh. Das Motorrad wurde beschlagnahmt und zur Polizeiwache gebracht.

In der Nacht ging der Bauer zur Polizeistation, um das Motorrad zu stehlen. Aber als er über die Mauer kletterte und sich dem Motorrad näherte, begannen die Gänse mit den Flügeln zu schlagen und laut zu schnattern. Der Bauer wurde erwischt und festgenommen.

WARUM DER EIFFELTURM IM SOMMER WÄCHST

WISSENSCHAFT

Es gibt einige chemische Elemente, die sich bei Erwärmung ausdehnen und bei Abkühlung zusammenziehen. Die meisten Metalle dehnen sich aus, wenn sie erhitzt werden. Genauso ziehen sie sich beim Abkühlen zusammen und werden kleiner.

Ein interessantes Beispiel für dieses Auftreten ist der Eiffelturm in Paris. Im Sommer wächst der Turm aufgrund der Sonnenwärme und der Ausdehnung des Metalls um 15 Zentimeter.

Wenn ein Gegenstand erhitzt wird, bewegen sich die Atome und Moleküle immer mehr. Dadurch nimmt der Gegenstand mehr Raum ein als zuvor. Die Atome und Moleküle bleiben gleich groß, nur der Raum zwischen ihnen verändert sich.

Ingenieure müssen daher beim Entwurf und Bau großer Metallkonstruktionen sehr vorsichtig sein, zum Beispiel bei Brücken oder Hochhäusern. Sie bauen Fugen ein, um das Dehnen oder Schrumpfen auszugleichen. Sonst gäbe es gefährliche Risse.

LÄNGSTER HOCHZEITSSCHLEIER
WELT

Maria Paraskeva, eine Braut aus Zypern, erfüllte sich ihren Lebenstraum. Sie wollte bei ihrer Hochzeit den längsten Schleier der Welt tragen, und das hat sie auch geschafft.

Die Hochzeit fand im August 2018 in dem Ort Larnaca, Zypern, statt. Sie trug einen scheinbar unendlichen Hochzeitsschleier. Er war 6962 Meter, also fast sieben Kilometer, lang.

Monate vor der Hochzeit kaufte Maria 7100 Meter Tüllrollen für knapp 4000 Euro. Sie brauchte einen Monat, um ein Unternehmen in Griechenland zu finden, das in der Lage war, die Tüllrollen zu Hunderten Meter  Schleier zu ändern. Das dauerte wiederum drei Monate. Schneiderinnen in Zypern nähten dann alle Teile von Hand zusammen, um den kompletten Hochzeitsschleier herzustellen.

Die Vermessung des Schleiers fand auf einem Schulhof in der Nähe ihres Wohnortes statt. 30 Freiwillige hielten den Schleier fest, als er sechs Stunden lang von einem Lastwagen abgerollt wurde.

Ein Bauingenieur und ein Vermessungsingenieur bestätigten unter dem Jubel der Anwesenden den Weltrekord.

KAROTTEN WAREN MAL LILA
ESSEN

Karotten baute man früher nicht wegen ihrer leckeren Pfahlwurzel an, sondern wegen ihrer aromatischen Blätter und Samen.

Ursprünglich stammt die Karotte aus Regionen, die heute Iran und Afghanistan sind. In Süddeutschland und in der Schweiz wurden Karottensamen aus der Zeit von 3000 v. Chr. gefunden.

Noch heute werden einige nahe Verwandte der Mohrrübe wegen ihrer Blätter und Samen angebaut, zum Beispiel Petersilie, Dill, Fenchel, Kreuzkümmel, Anis und Koriander.

Bis ins 17. Jahrhundert war die Karotte lilafarben. Holländische Bauern züchteten dann eine orangefarbene Karotte, zu Ehren der damaligen holländischen Flagge und ihres Führers Wilhelm von Oranien (dessen Name auf die Farbe hindeutet). Dennoch gibt es noch immer Karotten in verschiedenen Farben zu kaufen.

WONACH DAS WELTALL RIECHT

WELTRAUM

Wenn Astronauten von Weltraumspaziergängen zurückkehren und ihre Helme abnehmen, bemerken sie einen eigentümlichen Geruch.

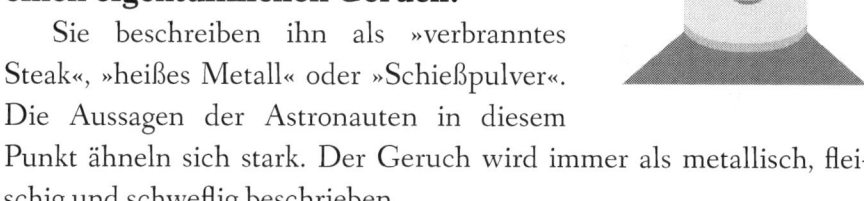

Sie beschreiben ihn als »verbranntes Steak«, »heißes Metall« oder »Schießpulver«. Die Aussagen der Astronauten in diesem Punkt ähneln sich stark. Der Geruch wird immer als metallisch, fleischig und schweflig beschrieben.

Woher kommt der Geruch im Weltall? Darüber kann man nur spekulieren. Die Quelle könnte ein Nebenprodukt sterbender Sterne sein, deren Spuren im ganzen Universum zu finden sind.

Im Jahr 2008 war die amerikanische Weltraumbehörde NASA daran interessiert, diesen Geruch für Trainingszwecke auf der Erde herzustellen. So wären Astronauten in der Lage, sich an die Gerüche der außerirdischen Umgebung zu gewöhnen.

Dafür engagierten sie einen Duftchemiker, der den Weltraumgestank so weit wie möglich hier auf der Erde nachbilden sollte. Leider erfolglos. Das Projekt wurde eingestellt.

BÄLLE IM BASEBALL SIND ABSICHTLICH DRECKIG

SPORT

In der Sportart Baseball wirft der Verteidiger einen Ball, den der Angreifer mit einem Schläger treffen muss. **Allerdings sind fabrikneue Basebälle so schlüpfrig, dass sie dem Werfer leicht aus der Hand rutschen.** Aus diesem Grund müssen die Bälle vorher dreckig gemacht werden.

Die ersten Profimannschaften verwendeten dafür Erde oder Spucke, aber das Ergebnis war nicht gut genug. Bei zu wenig Dreck blieb der Ball schlüpfrig, bei zu viel Dreck bekam der Ball eine Unwucht und flog nicht geradeaus.

In den 1930er-Jahren entdeckte Baseball-Coach Russell Blackburne ein Erdloch am Delaware River in New Jersey, USA. Dort fand er Schlamm zum Einreiben der Basebälle, der sich für sein Team als perfekt herausstellte.

Er gründete eine Firma und belieferte die ganze Liga – bis heute. Der genaue Ort des Erdlochs aber bleibt ein wohlgehütetes Geheimnis.

WIE SCHWER DIE ZUNGE EINES BLAUWALS IST

TIERE

Soweit wir wissen, ist der Blauwal das größte Tier, das jemals auf der Erde gelebt hat. Dieser Rekord gilt auch für die Babys von Blauwalen.

Blauwal-Babys werden bereits groß geboren, viel größer als ein menschliches Baby. Das Geburtsgewicht eines Kalbs beträgt mehr als das 20-fache des Gewichts eines erwachsenen Menschen.

Alle zwei oder drei Jahre bringt eine Blauwalmutter ein großes Baby zur Welt, das bis zu drei Tonnen wiegt und bis zu sieben Meter lang ist.

Mama Blauwal produziert für das Baby mehr als 200 Liter Milch pro Tag, mit einem Fettgehalt von bis zu 50 Prozent. Das Baby nimmt dabei jeden Tag über 100 Kilogramm zu.

Der gewaltige Appetit des Blauwals vom Säuglings- bis zum Erwachsenenalter lässt ihn seine berüchtigte Größe erreichen. Der erwachsene Blauwal wiegt bis zu 200 Tonnen.

Zum Vergleich: Alleine die Zunge des Blauwals wiegt etwa so viel wie das größte Landsäugetier der Erde, der afrikanische Elefant.

BERGE ENTSTEHEN SO SCHNELL WIE FINGERNÄGEL WACHSEN

WISSENSCHAFT

Kontinentalplatten sind große, feste Flächen, die zur Erdkruste gehören. Sie liegen also weit unter unserem Boden.

Die Kontinentalplatten sind ständig in Bewegung. Das liegt an der Wärme, die sich aus dem Erdkern an die Oberfläche schiebt. Dabei drücken sie gegeneinander, so dass daraus Erdbeben entstehen können. **Die Platten bewegen sich nur etwa einen Millimeter pro Woche.** So schnell wachsen auch deine Fingernägel.

Obwohl die Bewegung sehr langsam ist, führt sie im Laufe der Zeit zu neuen Landmassen, wie zum Beispiel neuen Bergen oder Vulkanen.

Bisher ungelöst ist das Rätsel, warum es die Plattenbewegungen nur auf unserem Planeten, der Erde, gibt und nicht auf den anderen Planeten.

WARUM TRÄUMEN WIR?

MENSCH

Warum träumen wir in der Nacht?
Seit Jahrhunderten haben sich die Menschen
über den Sinn von Träumen gewundert.

Eine mögliche Erklärung ist, dass dein
Gehirn die Ereignisse des Tages überprüft,
aussortiert und das Wichtigste speichert.
Studien ergaben, dass du dir ohne Schlaf nichts Neues merken kannst.

Die Speicherung ins Langzeitgedächtnis, das Merken, erfolgt in
keiner bestimmten Reihenfolge. Aus diesem Grund neigen Träume
dazu, die erlebten Dinge des Tages aufzugreifen, zugleich aber zufällig
oder unsinnig zu sein.

Du träumst jede Nacht vier bis sechs Mal. Dabei bewegen sich
deine Augen unter ihren Lidern hin und her.

Jeder Traum dauert zwischen fünf Minuten und einer halben
Stunde – je nachdem, wie lange du schläfst. Du wachst sogar zwischen
den Träumen leicht auf, aber nicht lange genug, um dich daran zu
erinnern.

Jeder Mensch träumt jede Nacht. Wenn jemand behauptet, er
hätte nicht geträumt, dann kann er sich nur nicht daran erinnern.

WIE VIELE AMEISEN WIEGT EIN MENSCH?
TIERE

1. **Ameisen können in ihren Kiefern das 50-fache ihres eigenen Körpergewichts tragen.** Wenn du diese Kraft hättest, könntest du ein tonnenschweres Auto über deinen Kopf heben.
2. Die Köpfe von Soldatenameisen sind so geformt, dass sie zum Nesteingang passen. So versperren sie den Zugang. Wenn eine Arbeiterameise in das Nest zurückkehrt, berührt sie die Soldatenameise, um ihr zu zeigen, dass sie zur Kolonie gehört.
3. Nicht wenige Ameisenarten nehmen Gefangene von anderen Ameisenarten und zwingen sie, Aufgaben für die Kolonie zu erledigen.
4. Es wird geschätzt, dass alle Ameisen auf der Welt in etwa so viel wiegen wie alle Menschen zusammen.
5. Die größte Ameisenkolonie erstreckte sich über 6000 km.

BLEISTIFTE ENTHALTEN KEIN BLEI
SCHULE

Seit rund 400 Jahren werden Bleistifte zum Schreiben verwendet. Viele berühmte Schriftsteller und Erfinder haben einen Bleistift eingesetzt, zum Beispiel Roald Dahl, Ernest Hemingway und Thomas Edison. Bleistifte werden sogar im Weltraum benutzt.

Es klingt überraschend, aber ein Bleistift enthält gar kein Blei. Das hat er auch noch nie. Der Kern des Bleistifts besteht aus einem ungiftigen Mineral: Graphit.

Das Mineral wurde 1564 in einer großen Lagerstätte in Borrowdale, England, entdeckt. Man stellte schnell fest, dass Graphit eine dunkle Spur hinterließ – ideal zum Schreiben.

Allerdings war Graphit weich und spröde, so dass er mit einer Schnur umwickelt wurde, um ihn zusammenzuhalten.

Erst 1795 entdeckte der französische Chemiker Nicholas Conté ein neues Verfahren zur Herstellung von Graphitminen – er fügte Ton hinzu. Das machte die Mine härter. Die Menge an Ton bestimmt noch heute den Härtegrad von Bleistiften.

WARUM ALFREDO BINDA KEIN FAHRRAD FAHREN SOLLTE

SPORT

Alfredo Binda (1902 - 1986) war ein italienischer Radrennfahrer. Aber nicht irgendeiner. Er war der erfolgreichste Radprofi der 1920er Jahre und gewann unter anderem drei Straßen-Weltmeisterschaften.

Der Radrennwettbewerb »Giro d'Italia« ist der zweitwichtigste Wettbewerb im Radrennsport nach der »Tour de France«. Den Giro d'Italia gewann Binda fünf Mal.

Im Jahr 1930 hatte er die letzten drei Rennen gewonnen und war den anderen Fahrern stark überlegen. Die Veranstalter des Giro d'Italia befürchteten, dass sich niemand mehr für das Rennen interessieren würde, wenn Binda erneut antreten würde.

Daher boten die Veranstalter Binda Geld an, damit er auf die Teilnahme verzichtete. Die volle Siegprämie betrug 22.500 Lire, und genau so viel boten sie ihm an.

Geld bekommen, ohne etwas dafür zu tun? Binda nahm an. Stattdessen fuhr er die Tour de France und erreichte dort zwei Etappensiege.

DIE SELTSAMSTEN OLYMPISCHEN SPORTARTEN

SPORT

Die Olympischen Spiele sind der größte Sportwettkampf auf der Welt. Alle vier Jahre findet er in einem anderen Land statt.

28 Sommer-Sportarten und sieben Winter-Sportarten stehen derzeit zur Auswahl. Die meisten kennst du sicher, zum Beispiel Laufen, Weitsprung, Schwimmen oder Turnen. Aber es gab in der langen olympischen Geschichte auch einige seltsame Sportarten:

Hindernisparcours-Schwimmen. Im Jahr 1900 mussten die Schwimmer im Wasser über Stangen klettern und unter einer Reihe von Schiffen schwimmen.

Pferde-Weitsprung. Auch im Jahr 1900 sprang der Goldmedaillen-Gewinner mit seinem Pferd 6,10 Meter weit.

Tieftauchen. 1904 tauchte der Gewinner 19 Meter tief.

Sackhüpfen. Auch diese Sportart war nur 1904 olympisch.

Seilklettern. Wer als erster oben war, gewann. Fand von 1896 bis 1932 statt. 1904 gewann ein Amerikaner mit Holzbein.

Tandem-Fahrradsprint, bei dem zwei Zwei-Mann-Teams über 2000 Meter rasten, war von 1908 bis 1972 olympisch.

LUSTIGE PALINDROME
SPRACHE

Wenn du Interesse an Sprachen hast, dann sind dir sicher schon Palindrome begegnet. Das sind Wörter oder Sätze, die **von vorne und hinten gelesen dasselbe** ergeben. Beispiele für Wortpalindrome:

- Namen wie Anna, Bob, Hannah, Otto
- Wörter wie Ebbe, Ehe, Kajak
- Lagerregal, Legovogel, Level
- Neffen, Radar, Reittier
- Reliefpfeiler (längstes Palindrom auf Deutsch)
- Rentner, SOS, Uhu

Beispiele für Satzpalindrome sind:

- Dreh mal am Herd!
- Lesen Esel?
- Nette Betten.
- Trug Tim eine so helle Hose nie mit Gurt?

Und nu? (Das ist auch ein Palindrom!)

WARUM DIE ERSTE AMPEL NUR EINEN MONAT LIEF

GESCHICHTE

Am 9. Dezember 1868 wurden die weltweit ersten Ampeln an der Kreuzung von Great George Street und Bridge Street im Londoner Stadtteil Westminster, nahe der Westminster Bridge, installiert.

Diese Ampeln wurden mit Gas betrieben. Allerdings wechselten sie die Signalfarben noch nicht automatisch, so wie wir es heute gewöhnt sind.

Polizisten mussten den ganzen Tag neben den Geräten stehen und die Leuchtsignale von Hand umschalten.

Die neuartigen Ampelanlagen waren ein voller Erfolg – bis zu dem schicksalhaften Ereignis ein Monat nach der Installation. Eine undichte Gasleitung führte dazu, dass eine der Ampeln explodierte. Der Polizist, der sie bediente, wurde schwer verletzt.

Das Projekt wurde sofort eingestellt. Es dauerte 40 Jahre, bis wieder Ampeln installiert wurden, aber diesmal in den USA.

EIN OKTOPUS HAT DREI HERZEN
TIERE

**Oktopusse unterscheiden sich stark von uns Menschen.
Es beginnt schon damit, dass sie drei Herzen haben.**

Zwei der Herzen bewegen das Blut über die Kiemen des Tieres hinaus, während das dritte Herz den Kreislauf am Laufen hält.

Wenn der Oktopus schwimmt, stoppt das Kreislaufherz. Das ist ermüdend, und daher krabbeln sie lieber, als zu schwimmen.

Ein anderer Unterschied zum Menschen: Ein Oktopus hat neun Gehirne. Es gibt ein Haupt-Gehirn, das Entscheidungen trifft, und acht Nebengehirne - eines an jedem Arm.

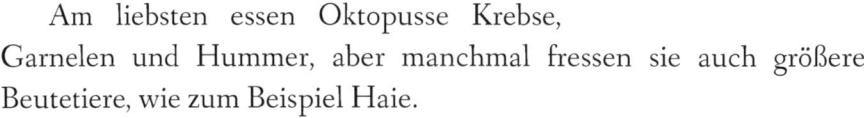

Die Arme können herausfinden, wie man eine Muschel öffnet, während das Haupthirn mit etwas anderem beschäftigt ist.

Am liebsten essen Oktopusse Krebse, Garnelen und Hummer, aber manchmal fressen sie auch größere Beutetiere, wie zum Beispiel Haie.

Auf der Suche nach Nahrung lassen sich Kraken normalerweise von oben auf ihre Beute fallen und ziehen sie dann mit den kräftigen Saugnäpfen, die an ihren Armen haften, in ihr Maul.

EINE KURZE GESCHICHTE DES LESENS
WELT

Für uns ist es heute selbstverständlich, dass wir Lesen und Schreiben können. Das war aber nicht immer so.

Zuerst musste überhaupt die Schrift erfunden werden. Um 8000 v. Chr. entstanden die ersten Zahlen und Rechensysteme. Die frühesten Schriften haben ihren Ursprung etwa 3500 v. Chr.

Schrift war nicht dazu da, Geschichten aufzuschreiben, sondern um zu notieren, wer was von wem kaufte und verkaufte.

Im Römischen Reich um 800 v. Chr. bis 700 n. Chr. lernten große Teile der Bevölkerung Lesen und Schreiben. Als das Römische Reich zerfiel, ging die Institution Schule und fast alle Bücher verloren.

Im Mittelalter zwischen dem sechsten und 15. Jahrhundert lernten nur Geistliche, Adlige und Kaufleute Lesen und Schreiben.

Dann erfand Johannes Gutenberg um 1450 die Druckerpresse, mit der man zum ersten Mal Bücher drucken und vervielfältigen konnte. Zuvor mussten Bücher abgeschrieben werden, wenn man ein zweites Exemplar haben wollte. Das war sehr teuer.

Dank der Druckerpresse wuchs die Zahl der Bücher rasant, und mit ihnen gab es immer mehr Leute, die Lesen und Schreiben lernten. 1919 wurde die Schulpflicht für ganz Deutschland eingeführt.

WIE VIELE SPRACHEN KANNST DU LERNEN?

SPRACHE

Du liest ein deutschsprachiges Buch, in der Schule lernst du Englisch und vielleicht Französisch und ein Elternteil hat dir möglicherweise noch eine weitere Sprache beigebracht. Das wären viele – aber **kannst du dir vorstellen, 32 Sprachen zu sprechen?**

Der Grieche Ioannis Ikonomou (geb. 1964) kann das. Er ist Chefübersetzer für das Europäische Parlament und beherrscht 32 Sprachen. Fließend.

Als Kind staunte er über die unterschiedlichen Sprachen der ausländischen Touristen, die Kreta besuchten. Er lernte Englisch mit fünf Jahren, Deutsch mit sieben, Italienisch mit zehn, Russisch mit 13, ostafrikanisches Suaheli mit 14 und Türkisch mit 16. Mit 20 Jahren konnte er bereits 15 Sprachen.

Ikonomou studierte Sprachwissenschaft und machte seine Doktorarbeit über ein Dokument auf Alt-Iranisch. Er hörte nie auf zu lernen und spricht jetzt auch Spanisch, Französisch, Finnisch, Dänisch, Hebräisch, Arabisch, Mandarin und einige tote Sprachen.

Von den 24 offiziellen EU-Sprachen spricht er 21. Das chinesische Mandarin hält er für die am kompliziertesten zu erlernende Sprache. Trotzdem – oder gerade deshalb – ist es seine Lieblingssprache.

WAS DEIN GEHIRN IGNORIERT
MENSCH

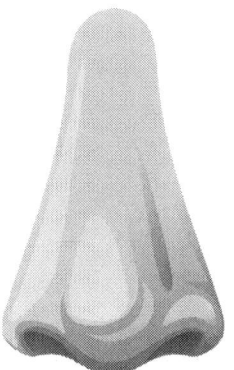

Das menschliche Gehirn ist zu erstaunlichen Dingen fähig. Das gelingt aber nur, weil es Ablenkungen ignorieren und ausblenden kann. Deine Nase ist eine dieser Ablenkungen.

Dieses Ignorieren nennt man »unbewusste selektive Aufmerksamkeit«. In einem Experiment mussten Teilnehmer zählen, wie oft Basketballspieler einen Ball geworfen haben. Die Teilnehmer waren so mit dem Zählen beschäftigt, dass eine Mehrheit nicht bemerkte, wie ein Mädchen mit einem Regenschirm durch die Mitte des Platzes ging.

Auf dieselbe Weise ignoriert dein Gehirn deine Nase.

FLAMINGOS SIND PINK, ODER?
TIERE

Rosafarbene Flamingos – viele glauben, dass diese Tiere mit ihrer leuchtenden Farbe geboren werden. Es stellt sich aber heraus, dass Flamingos ein lebendiges Beispiel für das Sprichwort sind: »Man ist, was man isst«.

Flamingos werden mit grauem Gefieder geboren. Sie würden auch ihr Leben lang grau bleiben, wäre ihre Haupt- und Lieblingsspeise nicht Salinenkrebse. Diese Krebse kennst du vielleicht als Zierfischfutter fürs Aquarium.

Bevor sie von den Flamingos gefressen werden, ernähren sich die Salinenkrebse von mikroskopisch kleinen Algen. Diese Algen produzieren Carotinoide, die letztendlich für die rosa Farbe der Flamingos verantwortlich sind. Übrigens auch bei Karotten.

Also: Carotinoide werden von Algen gefressen, die werden von Salinenkrebsen gefressen, und diese werden von Flamingos gefressen. Es ist ein langer Weg nötig, um Flamingos rosa zu färben.

WAS DU NOCH NICHT ÜBER KNOCHEN WUSSTEST

MENSCH

Alle Knochen im menschlichen Körper zusammen werden »Skelett« genannt. Das Skelett verleiht unserem Körper Stärke und Steifheit, damit wir nicht wie Papier im Wind herumflattern.

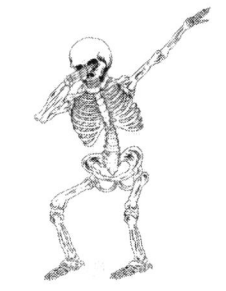

Jeder Knochen hat eine Funktion. Zum Beispiel schützt der Schädel das Gehirn, und der Brustkorb schützt unser Herz und unsere Lungen. Andere Knochen, wie die Arm- und Beinknochen, helfen uns bei der Bewegung, indem sie unsere Muskeln unterstützen.

Etwa sieben Zehntel unserer Knochen bestehen aus harten Mineralien wie Kalzium. Weitere Fakten:

- **Die kleinsten Knochen sind im Ohr.**
- Wir werden mit etwa 300 Knochen geboren. Viele wachsen zusammen: Ein Erwachsener hat nur noch 206.
- Wenn deinem Körper Kalzium fehlt, nimmt er es aus den Knochen und macht sie schwächer. Aus diesem Grund wird empfohlen, Milch zu trinken, das Kalzium enthält.

DIE VERKLEIDETE FRAU, DIE MARATHON LIEF

SPORT

Bobbi Gibb (geb. 1942) liebte schon immer das Laufen. Sie sagte einmal, dass sie dabei die Verbundenheit mit der Erde, der Luft und dem Himmel spüre. Daher meldete sie sich 1966 zu einem Marathonlauf über 42 Kilometer in Boston, USA, an.

Die Organisatoren jedoch disqualifizierten sie bereits vor dem Start – weil sie eine Frau war. »Frauen sind gesundheitlich nicht in der Lage, einen Marathon zu laufen«, hieß es in der schriftlichen Absage. »Frauen können nicht mehr als drei Kilometer laufen.«

Das ließ Bobbi Gibb nicht auf sich sitzen. Zwei Monate später versteckte sich die 23-Jährige in einem Busch in der Nähe der Startlinie. Als die Hälfte der Männer gestartet war, schloss sie sich ihnen einfach an. **Sie lief verkleidet in einem Kapuzenpulli und den Bermudashorts ihres Bruders.**

Sie überquerte die Ziellinie nach drei Stunden, 21 Minuten und 40 Sekunden – schneller als zwei Drittel ihrer männlichen Kollegen.

Schon während des Rennens war sie als Frau erkannt worden. Die Menge jubelte ihr zu, und das Radio berichtete live von ihrem Lauf. Damit hatte Bobbi Gibb ihr Ziel erreicht. 1972 wurde die Regel aufgehoben, und Frauen durften offiziell an Marathonläufen teilnehmen.

GIB DEINE ZIELE NICHT PREIS!

SCHULE

Hast du schon mal einen Plan gefasst, zum Beispiel, dass du dich in einem Schulfach mehr anstrengen willst? Es stellt sich heraus, dass du solche Pläne lieber für dich behalten solltest. Wer seine Pläne ankündigt, hat weniger Lust, sie zu verwirklichen.

Pläne werden bekanntgegeben, damit Familie und Freunde dich unterstützen können. Tests zeigen jedoch, dass Menschen, die über ihre Absichten sprechen, diese weniger wahrscheinlich verwirklichen.

Wenn du anderen deine Pläne verkündest, erhältst du für den guten Gedanken schon sehr viel Zustimmung. Das Gehirn sieht dadurch bereits einen Teil des Ziels erfüllt.

ISST DU MEHR ODER WENIGER MIT GRÖSSEREN GABELN?

ESSEN

Viele Menschen sind übergewichtig.
Ein bekannter Tipp zum Abnehmen ist, kleinere Teller zu verwenden. Oft ist man mit der kleineren Portion zufrieden und isst weniger.

Forscher der Universität von Utah, USA, fragten sich, ob auch der Anblick eines kleineren oder größeren Bissens entscheidend ist.

Die Wissenschaftler arbeiteten mit einem lokalen italienischen Restaurant zusammen. Im Laufe von zwei Tagen wurden zwei Mittag- und zwei Abendessen serviert. Die Forscher wählten nach dem Zufallsprinzip entweder ungewöhnlich große Gabeln oder ungewöhnlich kleine Gabeln aus.

Die Ergebnisse zeigten, dass die Gäste, denen größere Gabeln gegeben wurden, weniger aßen.

Der Grund scheint zu sein, dass die Gäste mit den kleineren Gabeln das Gefühl hatten, beim Essen kaum Fortschritte zu machen. Sie strengten sich mehr an und aßen insgesamt mehr.

DAS RÄTSEL DER SCHWERKRAFT
WISSENSCHAFT

Die Schwerkraft verhindert, dass alles, was sich auf der Erde befindet, ins Weltall gezogen wird. Dennoch ist sie eigentlich eine sehr schwache Kraft. Siehe es mal so: Das gesamte Gewicht der Erde wirkt derzeit auf dich ein, und trotzdem kannst du dich bewegen und Dinge hochheben.

Die Lichtgeschwindigkeit ist ein Nebenprodukt der Schwerkraft, daher hat sie die gleiche Geschwindigkeit. Wenn die Sonne jetzt verschwinden würde, würden wir acht Minuten lang keinen Unterschied in der Schwerkraft spüren.

Auf der Erde ist die Schwerkraft nicht überall gleich stark. Die Stärke hängt von der Entfernung zum Erdkern ab. Am Äquator ist die Schwerkraft etwas schwächer, am Nord- und Südpol etwas stärker.

Das liegt daran, dass die Erde sich dreht und die Fliehkraft die Erde am Äquator dehnt und an den Polen eindrückt. Dadurch entfernt sich der Äquator weiter vom Kern und die Pole rücken näher.

Die Schwerkraft ist leider eine Kraft, die nicht zu den anderen, uns bekannten Kräften passt. Wissenschaftler suchen daher schon lange nach einer »Theorie von allem«, mit der alle Kräfte gemeinsam erklärt werden können. Vielleicht kannst du eines Tages dabei helfen.

WAS EIN SPORTLER IN NUR 45 MINUTEN ERREICHTE

SPORT

In einer langweiligen Schulstunde können 45 Minuten sehr lang erscheinen. Diese Zeit kann aber auch kurz sein – wenn man gerade ein paar Goldmedaillen gewinnen will.

So wie der amerikanische Leichtathlet Jesse Owens (1913 - 1980), »Pistolenkugel von Ohio« genannt, der am 25. Mai 1935 bei der Leichtathletik-Meisterschaft in Ann Arbor, Michigan, teilnahm:

- **15.15 Uhr:** Laufen über 100 Yards (91 Meter). Mit 9,4 Sekunden stellt Owens den bisherigen Weltrekord ein.
- **15.25 Uhr:** Weitsprung. Bisheriger Weltrekord: 7,98 Meter. Owens Weite: 8,13 Meter.
- **15.34 Uhr:** Laufen über 220 Yards (201 Meter). Mit 20,3 Sekunden neuer Weltrekord, der auch für die 200-Meter-Strecke gewertet wird. Doppelter Weltrekord.
- **16.00 Uhr:** Hürdenrennen über 220 Yards. Weltrekord mit 22,6 Sekunden, aber zwei sind noch schneller.

Ein Tipp für die nächste langweilige Schulstunde: Verfolge mit deiner Uhr einfach die Minuten für Jesse Owens' Weltrekorde.

TRÄNEN KÖNNEN DEINE STIMMUNG HEBEN

MENSCH

Tränen sind das Ventil deines Körpers für Stress, Trauer und Angst. Du kannst auch Freudentränen haben, zum Beispiel Tränen der Erleichterung, wenn ein Problem gelöst ist.

Wie das Meer sind Tränen Salzwasser. Es gibt drei Arten von Tränen: reflexartige, kontinuierliche und emotionale. Jede Art hat eine andere heilende Rolle.

Reflextränen helfen deinen Augen, schädliche Partikel auszuscheiden, wenn sie durch Qualm oder Abgase gereizt sind.

Die zweite Art, die kontinuierlichen Tränen, werden ständig produziert, um unsere Augen zu schmieren. Sie enthalten eine Chemikalie namens »Lysozym«, die als Antibiotikum wirkt und unsere Augen vor Infektionen schützt.

Emotionale Tränen haben besondere gesundheitliche Vorteile. Sie enthalten im Gegensatz zu den Reflextränen Stresshormone, die dein Körper durch das Weinen ausscheidet.

Aus diesem Grund fühlen wir uns durch das Weinen besser, auch wenn das Problem fortbesteht.

WAS SICH IM DUNKELSTEN TEIL DES HIMMELS BEFINDET

WELTRAUM

Hast du schon einmal mit einem Teleskop die Sterne, den Mond und das Weltall beobachtet? Das tun Wissenschaftler auch, aber leider behindert die Erdatmosphäre die freie Sicht.

Daher hat die amerikanische Weltraumbehörde NASA im Jahr 1990 ein vier Meter breites und 13 Meter langes Teleskop im Weltall ausgesetzt: das Hubble-Weltraumteleskop. Das war enorm teuer.

Fünf Jahre später wollte der Astronom Bob Williams das Hubble-Weltraumteleskop auf ein Stück Himmel richten, das mit absolut nichts Bemerkenswertem gefüllt war. Für 100 Stunden.

Seine Kollegen hielten das für eine Verschwendung kostbarer Teleskopzeit. Aber das spielte keine Rolle, denn als Direktor des Teleskop-Instituts durfte Williams zehn Prozent der Zeit nutzen, wie er wollte.

Einhundert Stunden lang, zwischen dem 18. und 28. Dezember 1995, starrte das Hubble-Teleskop auf einen Himmelsfleck, der nur etwa ein Dreißigstel so breit war wie der Vollmond.

Das Ergebnis war überwältigend. Es stellte sich heraus, dass das »Nichts« tatsächlich mit Galaxien gefüllt war. Mehr als 3000 von ihnen wurden entdeckt. Und viele sahen ganz anders aus als die, die bisher bekannt waren.

DIESER HINTERN TESTET HANDYS
WELT

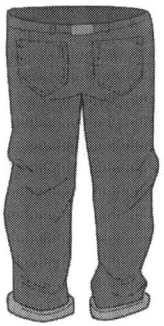

Die Gesäßtaschen auf der Rückseite unserer Hosen sind ungemein praktisch. Wir füllen sie mit Brieftaschen, Schlüsseln – und mit unseren Smartphones.

Wenn wir uns hinsetzen und unsere Hüften das Smartphone eindrücken, wirkt eine große Kraft auf das Smartphone. Dabei ist schon so manches Handyglas zu Bruch gegangen.

Aus diesem Grund baute das Unternehmen Samsung einen besonderen Roboter. Er hat die Form eines Hintern und dient dazu, Smartphones zu testen. So soll sichergestellt werden, dass das Handyglas großen Belastungen standhält.

VERDREHTE WÖRTER

SPRACHE

SWIMS SWIMS

Ein Ambigramm ist ein Wort, das ein neues Wort ergibt, wenn man es dreht.

Ein Beispiel siehst du im Bild oben. Es zeigt das englische Wort »swims«, zu Deutsch: »schwimmt«. Wenn man das Wort von der gegenüberliegenden Seite aus anschaut, liest man dasselbe Wort. Andere Beispiele sind das Notrufzeichen »SOS« oder die Abkürzung »WM« für Weltmeisterschaft.

Mit zeichnerischen Änderungen lässt sich aus fast jedem Wort ein Ambigramm formen. Bereits 1893 wurde das erste veröffentlicht.

Auch du kannst es mal versuchen. Um ein Ambigramm zu erstellen, solltest du auf die Groß- und Kleinschreibung achten. Gut geeignete Buchstaben sind: b/q, d/p, h/y, l, m/w, n/u, o, s/z, x, H/Y, I, L, M/W, N/U, O, S/Z und X.

Auch mit Zahlen lässt sich ein Ambigramm gestalten. Besonders eignen sich die Ziffern 0, 1 (ohne Aufstrich), 8 und 6/9. Beispiele für drehbare Zahlen sind 96, 101 oder 808.

ROTSTIFTE MACHEN LEHRER STRENGER
SCHULE

Eine Studie ergab, dass Lehrer Aufsätze unterschiedlich bewerten – je nachdem, welche Farbe ihr Füller hatte.

Die Studie, die im European Journal of Social Psychology veröffentlicht wurde, zeigt, dass Lehrer, die mit roter Tinte arbeiten, schlechtere Noten geben als Lehrer, die mit blauer Tinte benoten.

In einem Experiment wurden Lehrer in zwei Gruppen aufgeteilt. Beide Gruppen sollten einen Aufsatz nach Grammatik und Rechtschreibung benoten.

Die Gruppe, die mit roter Tinte bewertete, fand mehr Fehler als die Gruppe mit blauer Tinte.

In einem anderen Experiment sollten die Gruppen einen Aufsatz bewerten, der gar keine Grammatik- oder Rechtschreibfehler enthielt. Dennoch gaben die Lehrer mit roter Tinte dem Aufsatz eine schlechtere Note als die Lehrer mit blauer Tinte.

Das Ergebnis läge wohl an der jahrelangen Erfahrung mit roter Tinte, so die Forscher. Wenn der Lehrer einen Aufsatz betrachtet und überall rot sieht, ist er eher geneigt, eine schlechtere Note zu geben.

KANN EIN JUGENDLICHER EINE STAATSFAHNE ENTWERFEN?

GESCHICHTE

Ja, und nicht nur irgendeine, sondern die auf der ganzen Welt bekannte Fahne der Vereinigten Staaten von Amerika. Tatsächlich wurde die aktuelle Fahne der USA von einem 17-jährigen entworfen.

Der Gymnasiast Robert G. Heft entwarf 1958 das Aussehen der Fahne für ein Projekt im Geschichtsunterricht. Jeder Stern auf der Fahne stand für einen Bundesstaat der USA.

Sein Design hatte 50 Sterne, obwohl Alaska und Hawaii noch keine Bundesstaaten waren. Aus diesem Grund erhielt Robert G. Heft von seinem Geschichtslehrer nur die Note »2-«.

Heft schrieb der amerikanischen Regierung 21 Mal, bis Präsident Eisenhower ihn schließlich zurückrief und ihm mitteilte, dass sein Entwurf offiziell angenommen würde.

Daraufhin gab der Geschichtslehrer klein bei und dem 17-jährigen die Note »sehr gut«.

WARUM DIE BESTEN IDEEN BEIM DUSCHEN KOMMEN

WELT

Du stehst unter der Dusche, schrubbst dir gedankenlos den Rücken, und - zack! - kommt dir eine gute Idee in den Sinn.

Vielleicht hast du das Problem gelöst, wie du gleichzeitig zur Geburtstagsparty eines Freundes gehen und eine gute Note in der Mathearbeit schreiben kannst.

Untersuchungen zeigen, dass man eher dann eine kreative Idee hat, wenn man etwas Eintöniges macht, zum Beispiel Spazierengehen oder Duschen. Diese Tätigkeiten erfordern nicht viel Gehirnschmalz.

Tagträumereien wie diese entspannen den präfrontalen Cortex – das ist die Kommandozentrale des Gehirns für Entscheidungen und Verhalten. So gelockert, kann dein Gehirn neue Verbindungen und Ideen aufstellen, die dir sonst nicht eingefallen wären.

Deshalb unterscheiden sich die Ideen, die du unter der Dusche hast, von den Ideen, die du während der Mathearbeit hast. Bei Letzterer sorgt der präfrontale Cortex dafür, dass du präzise und genau über ein Problem nachdenken kannst.

Die Dusche schafft also die perfekten Bedingungen für kreative Blitzgedanken. Und du wirst auch noch sauber dabei.

WER DIE IDEE ZUR RAUMFAHRT HATTE
GESCHICHTE

Dachtest du auch, dass die Raumfahrt ein modernes Konzept ist? Tatsächlich beschrieb der englische Theologe John Wilkins (1614 - 1672) die Idee bereits im 17. Jahrhundert.

In seinen Büchern brachten »fliegende Streitwagen« Menschen zum Mond. Dort erwarteten sie andere Wesen aus dem All, die Waren handeln wollten. Wilkins glaubte, dass Astronauten keine Ausrüstung zum Atmen benötigen würden, weil sie sich einfach an die reinere Luft hoch oben am Himmel gewöhnt hätten.

Wilkins hatte in den 1650er Jahren in den Gärten des Wadham College zu Oxford mit Flugmaschinen experimentiert. Einige Jahre später erkannte er jedoch, dass die Raumfahrt viel komplizierter war als gedacht. Sein weiteres Leben widmete er der Kirche und beendete sein Leben als Bischof von Chester.

SPELLING BEES

SPRACHE

 Bei den meisten Schriftsprachen schreibst du die Wörter so, wie du sie sprichst. **Im Englischen ist das leider nicht so.**

Zwei Beispiele: Beim Wort »knight« (Ritter) spricht man den Anfangsbuchstaben nicht aus, und beim Wort »Wednesday« (Mittwoch) wird das mittlere »e« verschluckt.

Aus diesem Grund ist Englisch eine der wenigen Sprachen, für die Buchstabierwettbewerbe veranstaltet werden. Diese Wettbewerbe heißen »spelling bee« und sind besonders in den USA sehr beliebt.

Sie sind ja auch sehr spannend. Die Schüler müssen Wörter fehlerfrei buchstabieren – während eine Uhr abläuft. Sie haben für jedes Wort nur einen Versuch. Wer's schafft, kriegt ein schwereres Wort.

Der Gewinner der Schule tritt gegen den Gewinner einer anderen Schule an, später dann gegen andere Sieger im Bundesstaat und des ganzen Landes. Es gibt sogar weltweite Wettbewerbe mit Teilnehmern aus den USA, Australien, Kanada, England und Südafrika.

In Deutschland gibt es Buchstabierwettbewerbe seit dem Jahr 2009. Du kannst ab der vierten Schulklasse mitmachen. Zeige deinem Lehrer mal die Website www.buchstabierwettbewerb.de

DU FINDEST EINHÖRNER IN SCHOTTLAND

TIERE

Die Kelten gelten als die Vorfahren der Schotten. In ihrer Mythologie war das Einhorn ein Symbol der Reinheit und Unschuld, aber auch der Männlichkeit und Macht.

Da Schottland für seine Legenden und Mythen berühmt ist – denke nur an das Ungeheuer von Loch Ness –, ist es nicht verwunderlich, dass ein sagenumwobenes Wesen wie das Einhorn Schottlands Nationaltier wurde.

Das Einhorn wurde erstmals im zwölften Jahrhundert von Wilhelm I. im schottischen Königswappen verwendet. Im 15. Jahrhundert, als König James III. an der Macht war, erschienen sogar Goldmünzen mit dem Einhorn darauf.

Aus dieser Zeit stammen Steinmetzarbeiten an der St. Andrews University, der ersten Universität Schottlands. Viele historische Gebäude und Statuen Schottlands sind bis heute mit dem Einhorn geschmückt.

WARUM EIN GLÜCKSSPIELER DAS SANDWICH ERFAND

ESSEN

Ein Sandwich ist schnell gemacht. Du nimmst zwei Brotscheiben und legst zwischen ihnen alles, was du gerne isst: Käse, Gurken, Tomaten, Eier, Thunfisch oder Schinken. Wer aber hat sich diese innovative Zwischenmahlzeit ausgedacht?

Der Legende nach stammte die Idee für das Sandwich von John Montagu 1762 in England. Er gehörte dem Adel an und trug den Titel »Vierter Earl of Sandwich«. Sein Leben widmete er dem Glücksspiel.

Während einer über Stunden dauernden Spielrunde bat er den Hauskoch, ihm etwas zu bringen, das er essen konnte, ohne von seinem Sitz aufzustehen: Das Sandwich war geboren.

Montagu war begeistert und aß nun ständig und überall Sandwiches. Dadurch wurde das Gericht in der feinen Londoner Gesellschaft immer bekannter und nahm schließlich den Namen des Grafen an.

Natürlich war John Montagu (oder besser gesagt, sein namenloser Koch) nicht der Erste, der daran dachte, Füllungen zwischen Brotscheiben zu legen. Auf einer früheren Reise ans Mittelmeer musste er gesehen haben, wie Einheimische Käse und Fleisch zwischen Brotschreiben legten. Aller Wahrscheinlichkeit nach ließ sich Montagu davon inspirieren, als er am Kartentisch saß.

WARUM WIR »PING PONG« SAGEN UND NICHT »PONG PING«

SPRACHE

Heißt es »Ping Pong« oder »Pong Ping«, »Flip-Flops« oder »Flop-Flips« und »Zickzackkurs« oder »Zackzickkurs«? **Natürlich weißt du die richtigen Antworten – aber warum?**

Es ist eine dieser geheimen Grammatikregeln, die du unbewusst kennst, aber von der du noch nie gehört hast. Sie nennt sich »Ablautdoppelung«.

Ein Ablaut ist ein Wechsel der Vokale (a, e, i, o, u), zum Beispiel wenn man ein Verb beugt. Achte mal, wie sich die Vokale ändern:

- Ich singe, ich sang, ich habe gesungen.
- Ich sitze, ich saß, ich habe gesessen.

Bei der Ablautdoppelung im Deutschen findet meist ein Wechsel von »i« zu »a« statt: Flickflack, Hickhack, Krimskrams, Mischmasch, »ritsch, ratsch«, Schnickschnack, »schnipp, schnapp«, Singsang, Tingeltangel, Ticktack, tipptopp, Wischiwaschi, Zickzack.

Im Englischen wird gerne von »i« zu »o« gewechselt: ding-dong, flip-flop, hip hop oder ping-pong. Nur ganz selten findet der Vokalwechsel in einem Wort dreimal statt: Pipapo oder Li-La-Launebär.

KENNST DU KLINGONISCH?

SPRACHE

Wusstest du, dass es über 200 Sprachen gibt, die für Bücher, Filme oder das Fernsehen erfunden wurden? Die drei beliebtesten sind:

1. **Klingonisch** wurde 1984 von Marc Okrand für die Fernsehreihe »Star Trek« erfunden. Es soll 20-30 Anhänger der Serie geben, die fließend Klingonisch sprechen können. Etwa 2000 Leute haben immerhin Grundkenntnisse.

2. **Elbisch** ist nur eine von mehreren Sprachen, die J.R.R. Tolkien für sein Buch »Herr der Ringe« entwickelt hat. Er erfand sogar Geschichten über den Ursprung dieser Sprachen. Kein Wunder, denn Tolkien war ja auch gelernter Sprachwissenschaftler.

3. **Dothrakisch** ist eine Sprache aus George R.R. Martins Fantasy-Romanreihe »Das Lied von Eis und Feuer«, die durch die Fernsehserie »Game of Thrones« bekannt wurde. Es gibt über 3000 dothrakische Wörter.

WER ERFAND DEN NAMEN »JESSICA«?
GESCHICHTE

Kein Geringerer als Shakespeare erfand den Namen Jessica.

Zugegeben, es kann nicht eindeutig bewiesen werden, dass der berühmte Dramatiker aus dem 16. Jahrhundert den Namen erfunden hat. Aber in seiner Komödie »Der Kaufmann von Venedig« spielt Jessica die Tochter von Shylock. Das ist die erste bekannte schriftliche Erwähnung des Namens.

Der Namen »Jessica« leitet sich wahrscheinlich von »Jiska« ab, einer Figur aus der Bibel. Der hebräische Name bedeutet »Gott wacht über dich«.

DU SITZT NICHT AUF DEM STUHL, DU SCHWEBST DARÜBER

WISSENSCHAFT

Alle Menschen, Tiere, Pflanzen und Sachen bestehen aus kleinsten Teilchen, den Atomen. Es ist schwer vorstellbar und kaum zu glauben, aber ... die Atome berühren sich nie.

Je näher sie einander kommen, desto mehr stoßen sich die elektrischen Ladungen ihrer Bestandteile ab. **Es ist wie der Versuch, zwei sehr starke Magnete zusammenzubringen, Nordpol auf Nordpol.**

Wenn du beispielsweise auf einem Stuhl sitzt, dann berührst du ihn eigentlich nicht. Du schwebst einen sehr, sehr winzigen Abstand darüber, gehalten durch die Abstoßung zwischen den Atomen.

Diese elektromagnetische Kraft ist weitaus stärker als die Schwerkraft. Du bemerkst es, wenn du einen Kühlschrankmagneten in die Nähe eines Kühlschranks hältst und loslässt. Die elektromagnetische Kraft des winzigen Magneten überwältigt die Anziehungskraft der ganzen Erde.

WIE MAN EIS IN DER WÜSTE LAGERT
GESCHICHTE

Um 400 v. Chr. beherrschten persische Ingenieure die Technik, **Eis im Winter herzustellen und im Sommer in der Wüste zu lagern.** Wie das gelang? Mit Yachtschals.

Yachtschals waren runde Kühlgebäude. Man baute sie in Randgebieten von Wüsten. Sie besaßen über der Erde eine große Kuppel und unter der Erde einen großen und bis zu 15 Meter tiefen Speicherraum.

Kaltes Wasser wurde in den Wintermonaten aus nahegelegenen Gebirgen mit einem Aquädukt zum Yachtschal geleitet. Dort erstarrte es im Inneren zu Eis.

An den Eingängen des Gebäudes strömte kühle Luft ein und fiel in den untersten Teil des Yachtschals ab. Gleichzeitig leitete die hohe konische Form des Gebäudes die verbleibende Wärme nach außen durch eine Art Schornstein. Dadurch blieb die Luft im Inneren des Yachtschals kühler als im Freien.

Das im Yachtschal erzeugte und gelagerte Eis wurde das ganze Jahr über verwendet, um Lebensmittel haltbar zu machen, oder um Faloodeh, das traditionelle persische Tiefkühldessert, herzustellen.

WÖRTERBÜCHER HABEN ABSICHTLICH FALSCHE EINTRÄGE

SCHULE

Wörterbücher, Lexika, Landkarten und Nachschlagewerke haben absichtlich falsche Einträge. So können die Hersteller vor Gericht beweisen, dass jemand ihre Werke abgeschrieben oder kopiert hat.

Die fehlerhaften Einträge werden »U-Boote« genannt, weil sie zwischen den richtigen Einträgen untertauchen. Beispiele:

- Das dtv-Lexikon, Ausgabe 1997, hat einen Artikel über »Donald Duck« als echte Person.
- Das dtv-Lexikon 1999 schreibt zum Wort »verschlafen«: »Galt als unheilbar; heute [...] lokal überwunden.«
- Das »Pschyrembel – Klinisches Wörterbuch«, 256. Ausgabe, listet die Steinlaus, ein ausgedachtes Nagetier.
- Landkarten der USA enthalten oft den Ort »Algoe« bei New York, den es nicht gibt.
- Ein Computer-Handbuch, dessen Tricks besonders oft kopiert wurde, erfand eine Tastenkombination, mit der angeblich ein Kaninchen auf dem Bildschirm erscheint.

GEFÄHRLICHES DIHYDROGENMONOXID?
WISSENSCHAFT

Hast du schon mal von Dihydrogen-monoxid gehört, kurz DHMO? Es ist eine farblose und geruchlose chemische Verbindung, die manchmal auch Wasserstoffhydroxid oder Hydrinsäure genannt wird.

Die atomaren Teilchen von DHMO finden sich in einer Reihe von ätzenden, explosiven und giftigen Verbindungen wie Schwefelsäure, Nitroglyzerin und Ethylalkohol.

DHMO ist Bestandteil vieler bekannter giftiger Substanzen, Krankheiten und Umweltgefahren. Dennoch ist DHMO weiterhin überall im Einsatz und nicht verboten – wie ist das möglich?

Der Grund ist: DHMO ist nichts anderes als die chemisch korrekte Bezeichnung für Wasser (H_2O). Im Jahr 1989 wollten Studenten einer amerikanischen Universität zeigen, dass Menschen schnell Angst bekommen, wenn sie chemische Begriffe hören – selbst wenn es sich nur um reines Wasser handelt.

ZEHN SPANNENDE FAKTEN ÜBER DAS ALPHABET

SPRACHE

1. Das Wort »Alphabet« kommt von den ersten beiden **griechischen Buchstaben »Alpha« und »Beta«**.
2. Rund 100 Sprachen verwenden unsere Buchstabenschrift.
3. Aber nicht alle Sprachen mit unserer Schrift haben gleich viele Buchstaben. Beispielsweise hat das italienische Alphabet nur 21 Buchstaben.
4. Die Buchstaben »j«, »k«, »w«, »x« und »y« fehlen im italienischen Alphabet. Sie werden nur für ausländische Wörter wie »Baby« und »Washington« verwendet.
5. Das hawaiianische Alphabet hat sogar nur 13 Buchstaben.
6. Derselbe Buchstabe kann unterschiedlich klingen. Höre den Unterschied beim »o« in den Wörtern »rot« und »offen«.
7. Der häufigste Buchstabe in deutschen Wörtern ist das »e«.
8. Ähnlich aussehende Buchstaben klingen meist auch ähnlich, zum Beispiel das »m« und »n« oder »d« und »p«.
9. Der Buchstabe »y« ist der einzige, der drei Silben hat. Alle anderen haben nur eine Silbe.
10. Wenn du versuchst, das Alphabet aufzusagen, ohne deine Lippen zu bewegen, dann klingt jeder Buchstabe gleich.

ES IST ERLAUBT, AUS DEM GEFÄNGNIS AUSZUBRECHEN

WELT

Trotz gut gesicherter Gefängnisse gelingt so manchem Gefängnisinsassen die Flucht. Aber keine Sorge. Die Polizei schnappt die meisten Verbrecher schon nach kurzer Zeit und schickt sie zurück ins Gefängnis.

 Wer glaubt, dass ein Gefängnisausbruch bestraft wird, irrt. In Deutschland ist der Gefängnisausbruch straffrei.

Das Gesetzt geht davon aus, dass jeder Mensch den Drang hat, frei zu sein. Diesen Drang kann man nicht abstellen, daher kann man jemanden nicht dafür bestrafen.

Ein solches Gesetz gibt es nur in wenigen anderen Ländern, zum Beispiel in Österreich, Belgien, Schweden und Mexiko.

Das heißt jedoch nicht, dass es gar keine Bestrafung gibt. Um auszubrechen, müssen ja Türen oder Mauern beschädigt werden. Oder ein Wärter wird bestochen. Für diese Taten erhält man eine Strafe.

Außerdem gibt es nach dem Ausbruch verschärfte Haftbedingungen. Der Häftling steht also unter besonderer Beobachtung, so dass ihm die Flucht nicht noch einmal gelingen soll.

SCHMECKE KNOBLAUCH MIT DEINEN FÜSSEN

ESSEN

Die amerikanische Gesellschaft für Chemie hat herausgefunden, dass man Knoblauch auch mit den Füßen schmecken kann.

Du kannst es selbst ausprobieren. Schneide ein Stück frischen Knoblauch in mehrere Stücke. Gehe in einen anderen Raum, der nicht nach Knoblauch riecht, ziehe deine Schuhe und Socken aus und stecke deine Füße in eine Plastiktüte mit den Knoblauchstücken. Nach 30 bis 60 Minuten kannst du den Knoblauch riechen und schmecken – aber warum?

Deine Haut hat ölige und wässrige Schichten, wodurch sie dich gut vor Molekülen von außen schützt. Allerdings enthält Knoblauch ein Molekül namens Allicin, das sowohl Eigenschaften von Wasser als auch von Öl hat. Aus diesem Grund kann es die Haut in deinen Füßen durchdringen und durch das Blut bis zu deinem Mund und deiner Nase wandern.

Du wirst schwören, dass du Knoblauch schmecken kannst, und dass der Raum stark nach Knoblauch riecht.

TONNENSCHWERER WELTRAUMSTAUB
WELTRAUM

Kennst du das, wenn du dein Zimmer nicht aufräumst und irgendwann ist es sehr staubig auf deinem Schreibtisch und deiner Bettkante?

So ähnlich ist es mit unserem Planeten, der Erde. Auch die Erde kriegt eine Menge Staub ab – aus dem Weltraum.

Im Weltall fliegen eine Menge Dinge: Meteoriten, kleine Steinchen, Kiesfragmente und Staubteilchen. Manche werden von der Schwerkraft der Erde angezogen und fallen auf unseren Planeten.

Keine Sorge, diese Sachen krachen nicht auf dein Kinderzimmer (und leider auch nicht auf dein Schulgebäude), sondern verglühen in der Erdatmosphäre.

Übrig bleibt außerirdischer Staub, der auf die Erde fällt. Und das nicht zu knapp: Jeden Tag fallen etwa 100 Tonnen Weltraumstaub auf die Erde. **Das heißt, unsere Erde wird jedes Jahr um das Gewicht von etwa 10.000 Elefanten schwerer.**

Früher ärgerten sich Astronomen über den kosmischen Staub, weil er Objekte verdeckt, die sie beobachten wollten. Dann aber entdeckten sie, dass es sich lohnt, den Staub genauer zu untersuchen. Sie konnten dadurch einige Rätsel aufklären, zum Beispiel wie unser Sonnensystem gebildet wurde.

BÄUME WAREN MAL UNVERROTTBAR
GESCHICHTE

Vor rund vierhundert Millionen Jahren starb ein Baum und − nichts passierte. Bäume hatten extrem robuste Zellwände, besonders das Molekül Lignin, die stärkste Substanz in diesen Zellwänden. Es gab nichts, was Lignin abbauen konnte.

Große Mengen Totholz standen herum, bis Waldbrände von unvorstellbarem Ausmaß die Bäume verbrannten. Forscher glauben, dass aus dieser Zeit der größte Teil der Kohle stammt, die noch heute aus der Erde gefördert wird.

Die Forscherin Jennifer Robinson und ihr Team fanden heraus, dass vor dreihundert Millionen Jahren eine Gruppe von Pilzen, die sogenannten »Weißfäulepilze«, die Fähigkeit entwickelten, Lignin abzubauen. Zur selben Zeit wurde immer weniger Kohle gebildet.

WAS DU NICHT ÜBER DIE IRISCHE SPRACHE WUSSTEST

SPRACHE

In den Ländern Irland und Nordirland sprechen nur 70.000 Menschen die irische Sprache täglich. Immerhin 1,6 Millionen Menschen haben sie als Zweitsprache gelernt.

Es gibt keine Wörter für »ja« oder »nein« auf Irisch. Man beantwortet Fragen mit der bejahten oder verneinten Verbform. Beispiel: Ar dhíol sian an teach? (Haben sie ihr Haus verkauft?) - Dhíol (Sie verkauften es). - Níor dhíol (Sie verkauften es nicht).

Sätze auf Irisch haben nicht unsere gewohnte Reihenfolge: Subjekt-Verb-Objekt (Ich - sah - den Vogel). Im Irischen benutzt man die Reihenfolge, wie bei uns Fragen gestellt werden: Sah ich den Vogel. Nur etwa ein Zehntel aller Sprachen nutzen diese Reihenfolge.

Auf Irisch macht es einen Unterschied, ob du Menschen oder andere Sachen zählst. Fünf Kinder sind »cúigear páiste«, aber fünf Pferde sind »cúig chapall«.

Vielleicht klingt jetzt die irische Sprache kompliziert für dich, aber immerhin hat sie nur elf irreguläre Verben, deren Formen man auswendig lernen muss.

»KOMM, LASS UNS BEIDE ZWEITER SEIN«
SPORT

Bei den Olympischen Spielen 1936 gewann der Amerikaner Earle Meadows die Goldmedaille im Stabhochsprung. Er überflog die damals beeindrucke Höhe von 4,35 Metern.

Um den zweiten Platz gab es ein Stechen zwischen den beiden Japanern Shuhei Nishida und Sueo Oe. Wer würde Silber, und wer würde Bronze gewinnen?

Die beiden Japaner waren befreundet. Sie waren sogar so enge Freunde, dass sie sich weigerten, um den zweiten Platz zu streiten. **Sie wollten die Medaillen lieber teilen.** Leider wurde ihr Antrag abgelehnt. Einer musste Silber und einer Bronze gewinnen.

Das japanische Olympia-Team entschied, dass Nishida Silber bekommen sollte.

Nach ihrer Rückkehr nach Japan blieben die beiden unzufrieden. Sie brachten ihre Medaillen zu einem Juwelier, der sie jeweils halbierte. Dann verbanden sie die Hälften der Silbermedaillen mit den Hälften der Bronzemedaillen. So hatte jeder von ihnen eine halbsilberne und halbbronzene Medaille. Sie wurden in den Medien als »Die Medaillen der Freundschaft« bekannt.

SCHUHABDRÜCKE, DIE FAST FÜR IMMER BLEIBEN
WELTRAUM

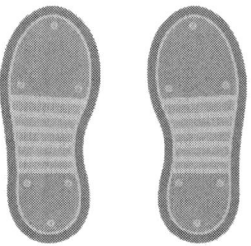

Im Jahr 2011 schickte die amerikanische Weltraumbehörde NASA eine Sonde ins All. **Sie umrundete den Mond, schoss eine Menge Fotos und sendete sie gleich zur Erde.**

Die Sonde machte unter anderem Nahaufnahmen von Stellen, auf denen Astronauten auf dem Mond gelandet waren. Schuhabdrücke, Fahrspuren und liegen gelassene Geräte sind auf der staubigen Oberfläche des Mondes immer noch deutlich zu sehen.

Der Mond wird ständig mit Mikrometeoriten beschossen. Das sind sehr, sehr kleine Partikel, die mit sehr hohen Geschwindigkeiten auftreffen. Aus diesem Grund werden unsere Hinterlassenschaften nicht ewig bleiben. Immerhin, schätzt ein NASA-Wissenschaftler, werden sie erst in etwa fünfzig Millionen Jahren verschwinden.

WER WIRKLICH GUTE NOTEN BEKOMMT
SCHULE

Was ist der wichtigste Baustein für den Erfolg in der Schule: Intelligenz, Talent oder Glück? Weder noch, sagen Forscher, sondern Beharrlichkeit.

Die Wissenschaftler befragten Tausende von Schülern, die ein Jahr vor ihrem Abschluss standen. Nach einem Jahr wurde untersucht, wie die Aussagen der Schüler zu ihrem Abschluss passten.

Es fiel auf, dass Intelligenz den Unterschied zwischen den besten und schlechtesten Schülern nicht erklären konnte. Viele der Schüler mit den besten Noten waren gewöhnlich intelligent, und einige der klügsten Kinder erhielten schlechte Noten.

Auch andere Faktoren, wie gutes Aussehen, Gesundheit oder Familieneinkommen spielten keine besondere Rolle.

Stattdessen hatten die besten Schüler die Fähigkeit, besonders gut Stress auszuhalten und vergangene Misserfolge zu überwinden. Sie waren konzentriert darauf, ihr Ziel zu erreichen: einen guten Abschluss. Diese Nachricht sollte alle Schüler erfreuen, denn den Faktor Selbstdisziplin kann jeder für sich selbst bestimmen.

DER BESTBEZAHLTE SPORTLER ALLER ZEITEN

SPORT

Profi-Sportler können viel Geld verdienen. Die drei bekannten Fußballer Lionel Messi, Cristiano Ronaldo und Neymar verdienten alleine im Jahr 2019 jeweils mehr als 100 Millionen Euro.

Das ist nicht zu verachten, aber der Basketballer Michael Jordan, der Golfer Tiger Woods und der deutsche Rennfahrer Michael Schumacher verdienten in ihren Karrieren jeweils mehr als 1.000.000.000 (eine Milliarde) Euro.

Das waren bisher nur die modernen Sportler aus unserer Zeit. Ihre Einkünfte verblassen im Vergleich mit Gaius Appuleius Diocles (104 - 147 n. Chr.).

Diocles war ein berühmter Wagenlenker im antiken Rom. Er soll in seinem Leben 35.863.120 römische Sesterzen mit Wagenrennen verdient haben. **Umgerechnet auf die heutige Zeit wären das 14.000.000.000 (vierzehn Milliarden) Euro.**

Sein Vermögen hätte damals ausgereicht, um alle Bewohner Roms für zwölf Monate mit Getreide zu versorgen. Und dabei hatte er nicht einmal einen Sponsorenvertrag mit einem Turnschuhhersteller.

RONAN TANZT ZUR MUSIK
TIERE

Rutscht rüber, lustige grüne Papageien im Internet – es gibt ein neues Tier auf der Tanzfläche. Sein Name ist Ronan, und er ist ein kalifornischer Seelöwe aus Kalifornien in den USA.

Wissenschaftler trainierten Ronan, seinen Kopf im Takt mit rhythmischen Klängen zu wippen. Dann zeigten sie, dass Ronan diese Fähigkeit auf andere Musikarten und Geschwindigkeiten übertragen konnte, die er vorher noch nie gehört hatte.

Ronan ist damit das erste nicht-menschliche Säugetier, das in der Lage ist, den Takt von Musik zu halten. Außer bei Menschen war es bisher nur bei Papageien zu sehen, die Stimmen nachahmen können.

Damit widerlegt Ronans musikalische Ader eine alte Theorie, dass man für ein gutes Rhythmusgefühl zuvor Gesang gelernt haben muss.

POPCORN – SÜSS, SALZIG ODER ...
ESSEN

Popcorn wird aus Maiskörnern hergestellt, die beim Erhitzen über einem Feuer oder auf einem Herd förmlich explodieren. Ab einer Temperatur von etwa 180 Grad Celsius blähen sich die Körner auf mehr als das Zwanzigfache ihrer ursprünglichen Größe auf.

Wusstest du, dass es Popcorn in verschiedenen Varianten gibt?

In Deutschland wird Popcorn gerne süß, mit Zucker bestreut, gegessen. Amerikaner naschen Popcorn lieber mit Salz und Butter. Aber in Mexiko, dem Ursprungsland des Mais, hat man Popcorn gerne feurig-scharf – mit heißer Jalapeño-Soße.

DIE GRÖSSTE SCHULE DER WELT
SCHULE

Die »City Montessori School« im indischen Lucknow ist die größte Schule der Welt. Sie hat über 44.000 Schüler und 2500 Lehrer. In den insgesamt 1000 Klassenzimmern stehen 3700 Computer zur Verfügung.

Die Schule wurde 1959 von den Eheleuten Bharti und Jagdish Gandhi mit nur 300 geliehenen Rupien (etwa vier Euro) gegründet. Zu Beginn hatte die Schule nur fünf Schüler.

Die Schule besitzt in der Stadt 20 Standorte. Es gibt keine Möglichkeit, dass sich alle Schüler gemeinsam versammeln können, weil es keinen Veranstaltungsort in der Stadt gibt, der groß genug ist.

Die Schüler im Alter zwischen drei und 17 Jahren sind in Klassenräume mit jeweils 45 Kindern aufgeteilt. Jeder Schüler trägt die gleiche Schuluniform.

Die Schule ist nicht nur von der Größe her herausragend, sondern wurde im Laufe der Jahre mit Preisen und Auszeichnungen überhäuft. Im Jahr 2002 erhielt sie den UNESCO-Preis für Friedenserziehung.

Leider ist der Schulbesuch nicht kostenlos. Jüngere Schüler zahlen etwa 16 Euro, ältere Schüler 42 Euro Gebühren pro Monat. Das ist viel Geld im armen Indien.

DAS AUTO, DAS MIT WEIN FÄHRT

WELT

Der Thronfolger von Großbritannien, Prinz Charles, ist bekannt dafür, für den Umweltschutz einzutreten. Daher war es immer ein Thema, dass sein Auto, ein Aston Martin, ein großer Benzinschlucker war.

Das Auto hatte großen Erinnerungswert für Prinz Charles, denn seine Mutter, Queen Elizabeth, schenkte ihm den Wagen zu seinem 21. Geburtstag.

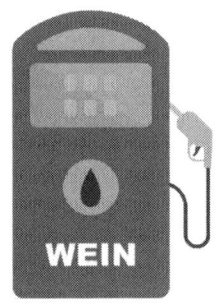

Prinz Charles trieb die Ingenieure von Aston Martin dazu an, alternative Treibstoffe zu testen. **Schließlich fanden diese heraus, dass ihre Autos mit englischem Weißwein fahren konnten.**

Der Wein alleine reichte nicht aus, er musste auch mit Molke gemischt werden – eine Flüssigkeit, die bei der Käseherstellung entsteht. Die Ingenieure waren erst skeptisch, aber dann gaben sie zu, dass der Wagen besser liefe und mit diesem Treibstoff leistungsfähiger sei als mit Benzin.

Prinz Charles sagte: »Außerdem riecht der Wagen köstlich, wenn man damit fährt.«

MOMENT, HERR LEHRER, MEIN HANDY KLINGELT

SCHULE

Thailand ist ein Land in Südostasien. Es ist etwas größer als Deutschland, aber mit weniger Einwohnern. **Der Unterricht in Thailand unterscheidet sich stark von unserem in Deutschland.**

Das, was in Deutschland »Gruppenlernen« heißt und gelegentlich ausprobiert wird, ist Alltag in Thailand. Während des Unterrichts wird viel geredet. Das Benutzen des Handys ist erlaubt, und daher wird sogar während des Unterrichts telefoniert.

Für deutsche Lehrer und Schüler sieht der thailändische Unterricht ungeordnet und chaotisch aus. Dieser Zustand ist jedoch keine Respektlosigkeit gegenüber den Lehrern.

In Thailand werden Lehrer nämlich sehr geschätzt. Es gibt sogar eine spezielle Zeremonie für Lehrer an einem Nationalfeiertag namens »Wai Khru«, bei der sich die Schüler vor ihren Lehrern niederwerfen und ihnen Blumen überreichen.

Ein weiterer Unterschied ist, dass in den meisten Schulen jeder Schüler eine Uniform trägt, und dass die Schüler keine Schuhe im Klassenzimmer oder in den Gängen benutzen.

WAS MAN AUS ELEFANTENDUNG
MACHEN KANN
WELT

Du wirst überrascht sein, wie viele Menschen bereit sind, eine große Summe Geld zu zahlen – um Elefantendung-Kaffee zu trinken. Es handelt sich dabei um Kaffeebohnen, die ein Elefant verdaut und ausgeschieden hat.

Eine Herde von 20 Elefanten, die in einer hügeligen Landschaft Nordthailands lebt, bekommt Kaffeebohnen zu fressen. Mit der Verdauung wird der Geschmack der Bohnen »verfeinert«. Einmal ausgeschieden, pflücken Bauern die Bohnen einzeln aus dem Mist.

Nachdem die Bauern den Kot gesammelt und gewaschen haben, trocknen sie ihn mehrere Wochen in der Sonne, bis die Außenhaut abfällt. Dann werden die Bohnen geröstet.

Diese aufwändige Methode hat natürlich ihren Preis: 900 Euro kostet ein Kilogramm Elefantendung-Kaffee. Dafür sagen Kaffeeliebhaber, dass der Kaffee erdig und gut schmeckt.

Die japanische Brauerei, die diesen Kaffee produzieren lässt, hatte kurz darauf eine neue Idee. Nach dem Elefantendung-Kaffee stellten sie Elefantendung-Bier her.

Das Bier wird aus denselben Kaffeebohnen hergestellt. Die erste Lieferung war noch am selben Tag ausverkauft.

WIR MENSCHEN SIND SPÄT DRAN

WISSENSCHAFT

Stelle dir vor, das Universum wäre nicht 13,7 Milliarden Jahre alt, sondern nur 24 Stunden. Du wirst staunen, um wieviel Uhr wir Menschen ins Universum stoßen.

```
0.00 Uhr (Mitternacht): der Urknall
bis 3.00 Uhr: Explosionen und Meteoritenschauer
4.00 Uhr: erstes Leben entwickelt sich (Einzeller)
5.36 Uhr: ältestes gefundenes Fossil
14.08 Uhr: einzellige Algen entstehen
18.08 Uhr: Fortpflanzung von Männchen und Weibchen
20.28 Uhr: Meeresalgen, wie wir sie kennen
21.52 Uhr: erste Pflanzen an Land
22.56 Uhr: Dinosaurier betreten die Bühne
23.39 Uhr: erste Säugetiere
23.58 Uhr und 43 Sekunden: der Mensch tritt auf
```

Dinosaurier lebten und starben in fast 30 Minuten. Der Mensch kam erst vor einer Minute und 17 Sekunden dazu. Da wird einem klar, dass der Mensch nur ein winziger Teil der Geschichte ist.

WIE EIN PROFI-EINBRECHER SICH SELBST ÜBERLISTETE

ESSEN

In der belgischen Stadt Antwerpen gibt es einen sogenannten Diamantenbezirk. Etwa vier von fünf Diamanten auf der Welt werden dort gekauft und verkauft. **Klar, dass ein solcher Ort eine magische Anziehungskraft für Räuber und Verbrecher hat.**

Das muss sich auch Leonardo Notarbartolo gedacht haben, als er einen der größten Raubüberfälle der Geschichte plante. Sein Ziel: Diamanten, Gold, Schmuck und Bargeld im Werte von über 100 Millionen Euro zu erbeuten.

Im Jahr 2003 gelang es Notarbartolo zusammen mit Komplizen, die beeindruckende Sicherheit des Bezirks auszuhebeln. Ohne den Alarm auszulösen, überlistete er Infrarot-Wärmemelder, Bewegungssensoren, Radargeräte, Magnetfelder, ein Schloss mit 100 Millionen Kombinationen und natürlich zahlreiche Sicherheitskräfte des Bezirks.

Notarbartolo wurde dennoch gefasst. Er übersah ein einziges Detail. Ein zur Hälfte gegessenes Sandwich blieb in der Nähe des Tatortes zurück. Das reichte der Polizei, um daraus Erbinformationen zu gewinnen, die die Polizei zu ihm und seinen Komplizen führten.

Der Richter verurteilte Notarbartolo zu zehn Jahren Gefängnis. Die geraubten Diamanten wurden jedoch nie gefunden.

DER SCHATTEN EINES ATOMS
WISSENSCHAFT

Atome sind Teilchen, aus denen alle Stoffe aufgebaut sind. Sie bestehen aus einem Atomkern und einer Atomhülle.

Sie sind äußerst klein. **Man kann sie nicht mit den Augen erkennen, sondern nur mit einem Spezialmikroskop sichtbar machen.**

Aus diesem Grund war die fotografischen Leistung eines Teams der australischen Griffith University im Jahr 2012 sehr beeindruckend.

Das Team schoss einen Laserstrahl auf ein Atom und fotografierte den Schatten, den es erzeugte. Zwar wurden Atome schon einmal fotografiert, ihre Schatten jedoch nicht.

Die Gruppe arbeitet derzeit daran, noch mehr Details sichtbar zu machen. Dann wird es eines Tages möglich sein, die Elektronen zu sehen, die ein Atom umkreisen.

HAIE KÖNNEN SEHR ALT WERDEN

TIERE

Haie sind die am längsten lebenden Wirbeltiere, die auf der Erde bekannt sind – besonders die Grönlandhaie.

In einer Studie bestimmten Forscher das Alter von 28 Haien. Es stellte sich heraus, dass ein besonders altes Weibchen über 400 Jahre alt war.

Grönlandhaie sind riesige Tiere, die bis zu fünf Meter lang werden können. Das ist etwa drei Mal so lang wie du groß bist.

Die Lebenszeit übertrifft die des ebenfalls sehr langlebigen Grönlandwals (200 Jahre) und des Schwertwals (über 100 Jahre).

Man findet Grönlandhaie, langsam schwimmend, in den kalten, tiefen Gewässern des Nordatlantiks. Es liegt wohl an ihrem gemächlichen Lebensrhythmus und der langsamen Wachstumsrate, dass sie so alt werden.

Wenn du einen Grönlandhai im Meer antriffst, dann stammt er wahrscheinlich aus dem 18. oder 19. Jahrhundert. Er kannte also noch die Zeit, bevor es laute und moderne Schiffe gab.

NIMM BESSER DEINE WINTERJACKE MIT
WELTRAUM

Als unser Universum am Anfang stand, war es ein wirklich heißer Ort. Viel heißer, als wenn auf der Sonnenoberfläche spazieren gehen würdest. Das lag daran, dass ganz viele winzige Bausteine, die Atome und die Moleküle, sehr dicht beieinander standen.

Wenn wir über Temperatur sprechen, dann reden wir eigentlich über die »wackeligen« Bewegungen der Moleküle. Je energischer die Moleküle wackeln, desto höher ist die Temperatur.

Wie auch noch heute dehnte sich unser Universum aus. Der Raum wurde größer. Nach etwa 14 Milliarden Jahren verteilt sich die gleiche Zahl Moleküle vom Anfang auf eine viel größere Fläche.

Jetzt gibt es auf einem Fleckchen Weltall weniger Moleküle als zuvor, daher ist es da draußen sehr kalt. Die tiefste Temperatur, die möglich ist, der absolute Nullpunkt, beträgt −273,15 Grad Celsius. Die meisten Stellen des Universums sind nur etwa drei Grad wärmer.

Aber das ist gut so. **Wenn der Weltraum nicht so kalt wäre, wären wir alle in großen Schwierigkeiten.**

Die Erde könnte die enorme Menge an Wärme, die sie von der Sonne erhält, nicht ableiten. Dann würden irgendwann unsere Meere anfangen zu kochen.

VON MILCH, LICHT UND GALAXIEN

WELTRAUM

Eine Galaxie ist eine große Ansammlung von Sternen, Planeten, Gasnebeln und kleineren Objekten, die durch ihre Schwerkraft miteinander verbunden sind.

Die Galaxie, in der sich unsere Erde, unsere Planeten und die Sonne befindet, wird »Milchstraße« genannt.

Sie besteht aus Milliarden von Sternen, und du kannst sie bei klarem Nachthimmel als hellen, schmalen Streifen sehen – als hätte jemand im Weltall Milch verschüttet.

Die Andromeda-Galaxie ist unsere Nachbargalaxie und etwa 2,5 Millionen Lichtjahre entfernt. Ein Lichtjahr sind um die zehntausend Milliarden Kilometer.

Andromeda erstreckt sich über 140.000 Lichtjahre, also 140.000 Mal 10.000 Mal eine Milliarde Kilometer. Das ist einfach unvorstellbar breit.

Leider ist die Andromeda-Galaxie nicht hell genug, um sie vollständig am Nachthimmel zu sehen. **Wenn sie heller wäre, würde sie sechs Mal größer erscheinen als der Vollmond.**

DIESE ZAHL LÄSST TATSÄCHLICH DEIN GEHIRN PLATZEN

MENSCH

Die Lieblingszahl vieler Mathematiker ist die »Grahams Zahl«.

Warum? Die Grahams Zahl ist einfach überwältigend groß.

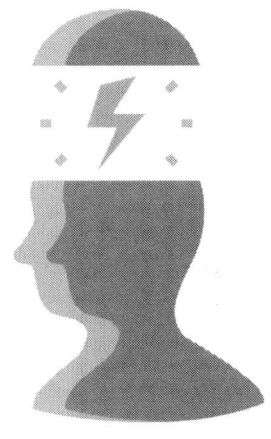

Die Grahams Zahl ist größer als das Alter des Universums, ob in Jahren (zirka 14 Milliarden Jahre) oder in Sekunden (eine Zahl mit 17 Nullen) gemessen.

Sie ist sogar größer als die Anzahl der Atome im beobachtbaren Universum, eine Zahl mit etwa 80 Nullen.

Das bedeutet: Kein Mensch, kein Roboter oder Computer wird jemals in der Lage sein, die Grahams Zahl vollständig aufzuschreiben. Es gibt einfach nicht genug Platz im Universum, um alle Ziffern der Zahl aufzuschreiben – selbst wenn du bis zum entferntesten Stern reist und jeden Zentimeter des Weges eine Ziffer aufschreibst.

Sie ist die größte jemals in einem mathematischen Beweis verwendete Zahl. Dennoch ist die Grahams Zahl nicht unendlich. Man kann sogar die letzten 500 Stellen von ihr berechnen.

ZEHN WITZIGE FAKTEN ÜBER DIE ENGLISCHE SPRACHE

SPRACHE

1. **Etwa 50% der englischen Wörter stammen aus dem Französischen.**
2. Das englische Wort zur Verabschiedung, »Goodbye«, ist eine Verkürzung von »God be with you« (Gott sei mit dir).
3. Das Wort »listen« (zuhören) enthält dieselben Buchstaben wie das Wort »silent« (schweigen).
4. Der kürzeste Satz auf Englisch ist »Go!« (Geh!).
5. »Was it a car or a cat I saw« (war es ein Auto oder eine Katze, die ich sah) kann man vorwärts und rückwärts lesen.
6. Die zwei häufigsten Wörter sind »I« (ich) und »you« (du).
7. Das Wort »queue« (Menschenschlange) ist das einzige englische Wort, das gleich ausgesprochen wird, selbst wenn man die letzten vier Buchstaben weglässt.
8. Etwa jeder zehnte englische Buchstabe ist das »e«.
9. Vier englische Wörter haben kein Reimwort: »month« (Monat), »orange«, »silver« (Silber) und »purple« (lila).
10. Es gibt 7 Möglichkeiten, den Klang »e« zu buchstabieren. Dieser Satz enthält sie alle: »He believed Caesar could see people seizing the seas« (Er glaubte, Cäsar könnte sehen, wie die Menschen die Meere erobern).

WARUM ENGLISCHE TAXIFAHRER REGENSCHIRME HASSTEN

GESCHICHTE

In den frühen 1750er Jahren begann ein Engländer namens Jonas Hanway, einen Regenschirm durch die regnerischen Straßen Londons zu tragen. Diese Sitte hatte er auf einer Reise nach Frankreich kennengelernt.

Die Bewohner Londons reagierten empört. In den Köpfen vieler Briten **war die Verwendung von Regenschirmen beispielhaft für charakterschwache, verweichlichte Männer**.

In England waren damals zweirädrige, pferdegezogene Wagen die wichtigsten Verkehrsmittel. Das Geschäft lief vor allem an regnerischen Tagen gut, da die Wagen kleine Vordächer hatten. Aus Angst vor Umsatzeinbußen bewarfen einige Kutschenfahrer Hanway mit Müll. Ein Fahrer versuchte sogar, Hanway zu überfahren, aber Hanway verdrosch ihn mit seinem Regenschirm.

Mit der Zeit änderten sich die sozialen Normen, und bei den vielen Regengüssen in London waren Regenschirme viel zu praktisch, um sie nicht zu tragen.

DIAMANTENREGEN
WELTRAUM

Die vier Planeten Saturn, Jupiter, Neptun und Uranus haben einzigartiges, für uns sehr seltsames Wetter.

In ihren Atmosphären gibt es viel Kohlenstoff. Wenn Kohlenstoffruß vom Blitz getroffen wird, härtet er zu Graphit aus und fällt nach unten. Dort härtet ihn der Druck der Atmosphäre weiter aus, bis er ... ein Diamant wird!

Stürme auf diesen Planeten können also buchstäblich Diamanten regnen lassen. Jeder »Tropfen« Diamant hat einen Durchmesser von etwa einem Zentimeter – genug, um einen Ring herzustellen.

DAS PU-STÖCKCHEN-SPIEL

SPORT

Kennst du »Pu der Bär«, auch bekannt als »Winnie Puuh«? In dem gleichnamigen Buch von Alan Alexander Milne bestehen Winnie Puuh und seine Freunde Ferkel, Eule, I-Aah, Kaninchen und Christopher Robin viele Abenteuer.

Einmal spielten sie das Pu-Stöckchen-Spiel. Die Regeln sind sehr einfach. Das Spiel kannst du mit deinen Freunden auf jeder Brücke über fließendes Wasser spielen.

Jeder Spieler wirft einen Stock auf diejenige Seite der Brücke, von der das Wasser kommt. Es gewinnt der, dessen Stock zuerst auf der anderen Seite unter der Brücke erscheint.

Klingt nach einem Spiel für kleine Kinder, oder?

Na ja, einige Erwachsene nahmen das Spiel etwas ernster und **veranstalteten 1984 die erste Weltmeisterschaft im Pu-Stöckchen-Spiel**.

Das Ereignis in Oxfordshire, England, lockte Tausende Besucher an. Sogar das Fernsehen und ausländische Zeitungen berichteten darüber.

Seitdem wird die Weltmeisterschaft jedes Jahr ausgetragen.

WELCHEN ZWECK HAT GÄNSEHAUT?
MENSCH

Hörst du gerne gruselige Geschichten? Ob es sich um Spukschlösser, Gespenster oder Vampire handelt, Gruselgeschichten sind eine schaurig-schöne Erfahrung.

Eine gute Gruselgeschichte lässt dir einen Schauer über den Rücken jagen. Dabei kannst du auch eine Gänsehaut bekommen.

Gänsehaut nennt man die kleinen Erhebungen auf deiner Haut am Ansatz der Haare. Gänsehaut sieht bei Menschen so aus wie die Haut einer Gans, deren Federn ausgerupft wurden.

Eine Gänsehaut zu bekommen ist ein Reflex – eine Aktion, die dein Körper ohne Nachdenken automatisch ausführt. Sie taucht plötzlich auf, wenn dir kalt ist oder du starke Gefühle wie Angst, Freude oder Überraschung erlebst.

Der Mensch ist nicht das einzige Säugetier, das so reagiert. Katzen stehen oft die Haare zu Berge, wenn sie Gefahr spüren. Der Reflex bewirkt, dass ein Tier größer aussieht und dadurch Feinde abschreckt.

Beim Menschen hat der Reflex jedoch mehr mit den Muskeln zu tun. Wenn du Angst hast, bereitet sich der Körper schon einmal darauf vor, entweder zu fliehen oder die Gefahr zu bekämpfen. Die Gänsehaut hilft auch, dass dein Körper weniger Wärme verliert.

DEN ERSTEN KINDERWAGEN ZOG EINE ZIEGE

TIERE

Im Jahr 1733 gab der englische Herzog von Devonshire den ersten Kinderwagen der Welt in Auftrag.

Er bat den Schreiner William Kent, ein Transportmittel für seine Kinder zu bauen. Dieser baute einen großen, muschelförmigen Korb auf Rädern, in dem die Kinder sitzen konnten. Der Wagen war reich verziert und dazu gedacht, von einem kleinen Pony oder einer Ziege gezogen zu werden.

Offenbar war dies sehr mühsam, denn schon Mitte des 18. Jahrhunderts wurden Kinderwagen gebaut, die Griffe für die Eltern hatten.

WIE ALT DU WIRKLICH BIST
WISSENSCHAFT

Du glaubst sicher, dass du jünger bist als 100 Jahre.
Tatsächlich bist du viel älter. Sogar sehr viel älter. Jedes Atom in deinem Körper ist Milliarden von Jahren alt.

Wasserstoff, das häufigste Element im Universum und ein wesentlicher Bestandteil deines Körpers, wurde beim Urknall vor 13,7 Milliarden Jahren erzeugt.

Schwerere Atome wie Kohlenstoff und Sauerstoff wurden vor sieben bis zwölf Milliarden Jahren in den Sternen geschmiedet und bei der Explosion der Sterne in den Weltraum geschleudert.

Einige dieser Explosionen waren so stark, dass sie auch die Elemente produzierten, die schwerer als Eisen sind.

Das alles bedeutet, dass die Bestandteile deines Körpers wirklich uralt sind: Sie sind im Grunde nichts anderes als Sternenstaub.

HILFE, ROLLTREPPEN!

GESCHICHTE

Die erste Rolltreppe der Londoner U-Bahn ging 1911 in Betrieb. **Doch niemand nutzte sie. Die Menschen hatten Angst**, auf der neuartigen Rolltreppe das Gleichgewicht zu verlieren.

Um die Ängste zu zerstreuen, kamen die Chefs des Fahrtreppenherstellers Mowlem & Cochrane auf die Idee, einen ihrer Mitarbeiter auf- und abfahren zu lassen. Das Besondere: Der Mitarbeiter William ›Bumper‹ Harris besaß nur ein Bein.

Der einbeinige Mitarbeiter fuhr den ganzen Tag die Rolltreppe auf und ab, um die Sicherheit zu demonstrieren.

Das überzeugte die Menschen. Immer mehr U-Bahn-Fahrer trauten sich, die Rolltreppe zu benutzen, und irgendwann wurde sie für die Londoner Bewohner zur Selbstverständlichkeit.

WARUM ES JEDEN TAG FRISCHES OBST IM SUPERMARKT GIBT

ESSEN

Im Supermarkt gibt es frisches Obst jeden Tag zu kaufen, das ganze Jahr über. Sogar im Winter kann man Äpfel kaufen, wenn es draußen schneit. Wie nur?

Wenn bei uns in Europa der Winter die Felder mit Schnee und Eis bedeckt, ist auf der südlichen Erdhalbkugel Sommerzeit. Dort werden die typischen Sommerfrüchte wie Äpfel, Pflaumen und Weintrauben von August bis November geerntet.

Die Äpfel werden eingeseift und mit heißem Wasser abgespült. Bürsten reinigen die Früchte, und Heißluft trocknet sie. Die Äpfel laufen auf einem Förderband und werden von Kameras fotografiert.

Ein Computer analysiert die Bilder und sortiert die Äpfel nach Farbe, Form und Größe. Die guten Früchte der Klasse eins kommen in Schalen für den Supermarkt, die schlechteren in Säcken zur Weiterverarbeitung, zum Beispiel für Apfelmus oder Fruchtjoghurts.

Die Äpfel werden auf null Grad gekühlt, so dass keine schädlichen Bakterien wachsen können. Dann werden die Früchte mit einem Lastwagen zu einem Zentrallager und dann zum Supermarkt gebracht.

SCHULE IM SCHICHTDIENST
SCHULE

In Deutschland wird oft darüber gesprochen, wie viele Kinder in eine Schulklasse gehören. Wie viele sind in deiner Klasse: 20, 25 oder 30 Kinder?

Die Philippinen sind ein Land in Südostasien, zu dem 7641 Inseln gehören. Die Armut ist groß. Entsprechend sind Schulen überbelegt, und es herrscht Platzmangel.

In vielen Schulen auf den Philippinen gibt es daher zwei »Schichten« des Schulbe- 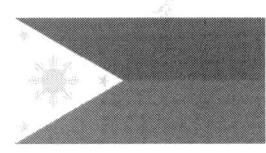 triebs. Die eine Hälfte der Schüler beginnt früh morgens zwischen sechs und sieben Uhr, die andere Hälfte erst nach dem Mittagessen.

Die Lehrer müssen oft mit 65 Kindern gleichzeitig arbeiten, und manchmal gibt es nicht genügend Stühle und Tische für alle. Dann findet der Unterricht im Freien oder im Treppenhaus statt. In öffentlichen Schulen auf dem Land fällt sogar schon mal der Strom aus.

In ländlichen Schulen werden die Klassen eins bis sechs gemeinsam in einem Klassenzimmer unterrichtet. Die Einteilung erfolgt nicht nach Alter, sondern nach dem Wissensstand. Wer in Gruppe sechs eingeteilt wird, gehört zu den klügeren Kindern.

GEFÄHRLICHE VERKAUFSAUTOMATEN
WELT

Haie mit ihren bedrohlich wirkenden Reißzähnen gelten oft als kaltblütige Menschenfresser. Tatsächlich sterben aber nur zwölf Menschen pro Jahr als Folge eines Hai-Angriffs.

Dabei gibt es lebensbedrohliche Gefahren, die man gar nicht als solche einschätzt, zum Beispiel Verkaufsautomaten. Du hast sicher schon welche gesehen, zum Beispiel als Süßigkeiten- oder Kaffeeautomaten.

Verkaufsautomaten töten jedes Jahr dreizehn Menschen. Sie sind also gefährlicher als Haie. Wie? Ein Schokoriegel bleibt stecken. Der verärgerte Käufer kippt den Automaten. Der Automat gerät ins Schwanken und fällt auf den Käufer.

SIND WOLKEN SO LEICHT WIE SIE AUSSEHEN?

WELT

Wolken schweben so mühelos am Himmel, dass man meinen könnte, sie seien so leicht wie Luftballons.

Das Gegenteil ist der Fall. Eine einzelne Schönwetterwolke, eine Kumuluswolke, wiegt im Durchschnitt 500 Tonnen. Das entspricht dem Gewicht von 25 vollen Schulbussen.

Verschiedene Wolken haben unterschiedliche Dichten. Daher sind verschiedene Wolken auch unterschiedlich schwer. Eine dünne Zirruswolke ist zehn Mal leichter als eine Kumuluswolke.

Gewitterwolken sind viel schwerer. Sie wiegen mehrere Millionen Tonnen. Wolken, die tropische Stürme bringen, können sogar Hunderte von Millionen Tonnen wiegen.

Wie halten sich die Wolken mit all dem Gewicht am Himmel? Das große Gewicht ist auf Milliarden von Wassertröpfchen über einen großen Raum verteilt. Jeder dieser Tröpfchen ist winzig klein, etwa 30 Mal kleiner als ein menschliches Haar. Es müssen also viele Tröpfchen zusammenkommen, um einen einzigen Regentropfen zu bilden.

Bei Regenwetter sollten wir froh sein, auf der Erde zu sein. Auf anderen Planeten bestehen Wolken aus giftigen Stoffen, wie Schwefeldioxid auf der Venus oder Ammoniak auf dem Jupiter.

ERDNÜSSE SIND GAR KEINE NÜSSE
ESSEN

Die Meinungen gehen auseinander, ob Erdnüsse Nüsse sind oder nicht. Alles hängt davon ab, wie man Pflanzen und Früchte einteilen will.

Botanisch gesehen sind Erdnüsse Hülsenfrüchte, weil sie mit Erbsen, Bohnen und Linsen näher verwandt sind als mit Nüssen. Ein bis vier Erdnüsse sind immer in einer länglichen Hülse verpackt – so wie bei Erbsen und Bohnen. Das spricht dafür, dass Erdnüsse Hülsenfrüchte sind.

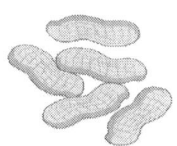

Wenn man Pflanzen jedoch nach ihrem Aussehen einteilt, gehört die Erdnuss eher zu den Nüssen.

Erdnüsse reifen zwar in einer Hülse, aber im Gegensatz zu Hülsenfrüchten bleibt die Schale geschlossen und öffnet sich nicht von selbst.

Erdnüsse wachsen unter der Erde, sie schmecken nussig und können roh gegessen werden – im Gegensatz zu Hülsenfrüchten, die vor dem Verzehr gekocht werden müssen. Ob Erdnüsse also zu den Nüssen oder Hülsenfrüchten zählen, hängt von den Merkmalen ab, nach denen die Pflanze eingeteilt wird.

DIE EINLOCH-VERSICHERUNG
SPORT

Wenn ein Golfer mit dem ersten Schlag auf einer Bahn direkt ins Loch trifft, spricht man von einem »Hole-in-one«. Das gelingt nur sehr selten, bei etwa 10.000 Abschlägen nur einmal.

Ein solcher Glückstreffer ist daher besonders und wird mit den Golfkameraden groß gefeiert. In Japan zum Beispiel wird nicht nur erwartet, dass man seine Spielkollegen ins Restaurant einlädt – nein, es ist sogar üblich, dass man sie mit Geschenken überhäuft. **Man soll das Glück mit ihnen teilen.**

Aus diesem Grund ist etwa jeder dritte Golfer in Japan versichert. Für 60 Euro im Jahr zahlt die Versicherung bei einem Hole-in-one etwa 3000 Euro Entschädigung. Von diesem Geld zahlt der glückliche Golfer nicht nur die Restaurantrechnung, sondern auch kleine Geschenke wie Telefonkarten und Handtücher.

Auch in Europa gibt es ungewöhnliche Sitten. Beispielsweise ist es in Schottland bei Freizeitrunden üblich, nach einem Hole-in-one die nächste Runde in einem Schottenrock zu spielen.

WIE VIELE BADE-ENTEN IM MEER HERUMTREIBEN

WISSENSCHAFT

Eine große, mit Gummi-Enten gefüllte Schiffskiste ging 1992 auf dem Meer verloren, und noch heute wird das Badespielzeug an Land gespült.

Der Schiffscontainer enthielt 28.000 Plastik-Badespielzeuge und war auf dem Weg von Hongkong in die USA, als er über Bord fiel. Niemand hätte damals ahnen können, dass die Bade-Enten 30 Jahre später immer noch auf den Weltmeeren schwimmen würden.

Einige wurden an die Küsten von Hawaii, Alaska, Südamerika, Australien und des pazifischen Nordwesten angespült. Andere wurden im arktischen Eis eingefroren gefunden. Wieder andere haben irgendwie ihren Weg bis nach Schottland im Atlantik gefunden.

Begeisterte Anhänger haben die bezaubernden Enten sogar mit einem Namen getauft: die »Friendly Floatees« (freundliche Schwimmer). Seit Jahren verfolgen die Fans den Weg der Enten und tauschen sich darüber im Internet aus.

Der Verlust war nützlich für die Wissenschaft. Die gelben Plastikenten haben unser Wissen über Meeresströmungen stark vergrößert.

DAS PERFEKTE VERBRECHEN IN EINEM KOALAKÄFIG

TIERE

Was ist der schlimmste Albtraum eines Polizisten? Wenn er ein Verbrechen in einem Koalakäfig im Zoo aufklären müsste. Das würde selbst die besten Spurenleser zur Verzweiflung treiben.

Der Grund dafür ist, dass Koalas Fingerabdrücke haben, die fast identisch mit denen von Menschen sind. Nicht einmal eine sorgfältige Untersuchung unter dem Mikroskop kann die wirbelnden, schlängelnden Rillen an den Fingern der Koalas von unseren eigenen unterscheiden.

Das Bemerkenswerte an Koala-Fingerabdrücken ist, dass sie den meisten seiner nahen Verwandten fehlen, wie den Wombats oder Kängurus.

Dabei sind Koalas nicht die einzigen Tiere mit Fingerabdrücken: Auch enge menschliche Verwandte, wie Schimpansen und Gorillas, haben sie.

Aber warum haben Menschen und einige Tiere überhaupt Fingerabdrücke? Wir alle sind Lebewesen, die oft greifen. Und dabei helfen Fingerabdrücke, um unsere Fingerbewegungen wie Tasten, Fühlen und Drücken fein zu steuern.

WOFÜR PHYSIKER SPIELEKONSOLEN BRAUCHEN
WELTRAUM

Die Schwerkraft eines Planeten hängt von ihrer Masse ab. Auf unserer Erde kannst du etwa ein bis zwei Meter in die Luft springen, aber dann wirst du wieder zurück zum Boden gezogen.

Der Mond ist kleiner und hat weniger Masse als die Erde. Dort könntest du 6-12 Meter hoch springen. Die Sonne aber ist so groß, da bräuchtest du eine Rakete, um wegzukommen (eine feuerfeste).

Stelle dir jetzt mal einen Stern vor, der viele Millionen Mal so viel Masse wie unsere Sonne hat, aber nur die Größe eines Autos. Die Masse wäre so massiv und läge so dicht beieinander, dass keine Rakete stark genug wäre, um davon wegzukommen. **Du müsstest schneller als die Lichtgeschwindigkeit sein.**

So etwa kannst du dir ein Schwarzes Loch vorstellen. Es gibt vermutlich mehr als hundert Millionen Schwarze Löcher im Weltall. Wissenschaftler untersuchen sie, aber dafür benötigen sie Supercomputer, die sehr schnell rechnen können. Diese sind jedoch teuer.

Daher verwenden Wissenschaftler PlayStation-Spielekonsolen zur Berechnung von Schwarzen Löchern. Sie können schnell rechnen, sind relativ günstig, und wenn man viele von ihnen nimmt, kriegt man viel Rechenleistung. Und nach der Arbeit kann man mit ihnen spielen.

EIN UNGEWÖHNLICHER WEG, NIERENSTEINE LOSZUWERDEN

MENSCH

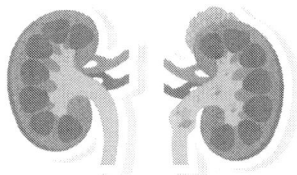

Nierensteine gehören zu den häufigsten Erkrankungen der Nieren. Betroffen sind jedoch nur wenige Menschen, und eher im höheren Alter.

Nierensteine entstehen, wenn im Urin gelöste Substanzen sich als feine Kristalle ablagern und zu größeren Gebilden zusammenklumpen.

Eine unkomplizierte Lösung ohne Operation wurde im Jahr 2016 entdeckt. Mehrere Personen berichteten, dass sie während einer Achterbahnfahrt einen Nierenstein ausgeschieden haben.

Forscher führten Tests mit einer Modellniere durch. Es stellte sich heraus, dass die Nierensteine eher ausgeschieden wurden, wenn man im Achterbahnwagen hinten saß.

Wer weiß, vielleicht übernehmen bald die Krankenkassen den Eintrittspreis für den Freizeitpark.

SCHACH ALS UNTERRICHTSFACH
SCHULE

Das Land Armenien ist nur etwa ein Zehntel so groß wie Deutschland. Dennoch gilt Armenien heutzutage als eine der stärksten Schachnationen.

Schach wird in Armenien seit dem frühen Mittelalter gespielt. Besonders beliebt wurde Schach allerdings in den 1960er Jahren, als ein Armenier acht Mal um die Schachweltmeisterschaft mitspielte und sie zwei Mal gewann.

Seit der Unabhängigkeit des Landes im Jahr 1991 haben armenische Herren- und Damen-Schachmannschaften die Europameisterschaft, die Weltmeisterschaft und die Schacholympiade gewonnen.

Die Erfolge liegen wohl daran, dass seit dem Schuljahr 2011 Schachunterricht Teil des Lehrplans in jeder öffentlichen Schule ist.

WARUM ES DIE TOUR DE FRANCE GIBT
SPORT

Die Tour de France ist das bedeutendste Radrennen der Welt. Wie es dazu kam, ist die Geschichte zweier französischer Sportzeitungen, die darum kämpften, wer die meisten Zeitungen verkaufen konnte: die älteste Sportzeitung Frankreichs, »Le Vélo«, oder ihr neuer Mitbewerber «L'Auto«.

Die neue Zeitung L'Auto hatte einen prominenten Radfahrer als Herausgeber: Henri Desgrange. Seine Bekanntheit reichte aber nicht, um viele Zeitungen zu verkaufen. Die Umsätze blieben schwach.

So kam es im November 1902 zu einem Krisentreffen im Büro von L'Auto. Der letzte Redner war ein Junior-Chef, der gerade mal 26-jährige Radjournalist Géo Lefèvre. **In Frankreich waren Langstreckenrennen beliebt, daher schlug er ein sechs Tage dauerndes Radrennen vor.** Der Herausgeber Desgrange war von dieser Idee nicht überzeugt, ließ ihn aber gewähren.

L'Auto kündigte das Rennen am 19. Januar 1903 an. Desgrange übernahm den Posten des Tour-Direktors. Die Franzosen liebten das Rennen, und durch die ständige Berichterstattung wurden viele Zeitungsexemplare verkauft. Schon ein Jahr später erschien das Konkurrenzblatt Le Vélo zum letzten Mal.

TAUZIEHEN WAR OLYMPISCHER SPORT
SPORT

Tauziehen erscheint uns heute als eine ungewöhnliche olympische Sportart, dabei war sie bereits Teil der antiken Olympiade im Jahr 500 v. Chr. Bei den Olympischen Spielen in unserer modernen Zeit fand Tauziehen von 1900 bis 1920 statt.

Zwei Mannschaften mit je acht Männern kämpften gegeneinander. Ein Team musste das andere etwa zwei Meter weit ziehen, um zu gewinnen.

Wenn dies nach fünf Minuten kein Team geschafft hatte, wurde diejenige Mannschaft Sieger, die die größte Distanz gezogen hatte.

Die Sportart Tauziehen fasziniert bis heute. Die Regeln sind in wenigen Sekunden erklärt, und jeder kann sofort mitspielen, ohne jahrelang zu trainieren. Wahrscheinlich gibt es deshalb Bemühungen, den Sport wieder zu einer olympischen Disziplin zu machen.

ES GAB MAL KATZEN, DIE POST AUSTRUGEN

GESCHICHTE

Tauben wurden schon seit dem alten Griechenland genutzt, um Nachrichten zu verschicken. Aber auch andere Tiere lieferten Nachrichten aus. Beispielsweise wurden Briefe per Hundeschlitten in Alaska und Kanada ausgeliefert.

Aber Katzen? **Jeder weiß doch, dass Katze sich nicht dressieren lassen.** Dennoch hat die Stadt Lüttich in Belgien in den 1870er Jahren Katzen angeheuert, um Post auszuliefern.

Die Zeitung New York Times spottete damals: »Die Nachrichten werden wohl schnell und sicher zugestellt, falls kriminelle Hunde die Postkatzen nicht überfallen.«

Die Briefe wurden in wasserdichten Taschen um den Hals einer Katze befestigt. Dann wurden die insgesamt 37 Hauskatzen ins Grüne gebracht, kilometerweit von ihren Häusern entfernt. Die Katzen benötigten fünf bis 24 Stunden für den Postweg.

Als sich herausstellte, dass die Katzen nicht besonders zuverlässig waren, wurde diese Art der Briefzustellung wieder eingestellt.

EIN TAG DAUERT 24 STUNDEN, ODER?

WISSENSCHAFT

Wie lange ist ein Tag auf der Erde, oder genauer gesagt, wie lange dauert es, bis sich die Erde einmal um sich selbst dreht? Das dauert genau 24 Stunden, oder?

Nicht ganz richtig. **Es dauert nur 23 Stunden, 56 Minuten und 4,0916 Sekunden, bis sich die Erde einmal um ihre Achse dreht.**

Der Unterschied von fast vier Minuten liegt daran, dass sich die Erde um mehr als 360 Grad drehen muss.

Andere Planeten sind kleiner oder größer als die Erde. Die Tage auf diesen Planeten sind daher kürzer oder länger. Der Merkur braucht 1408 Stunden (58 Tage) und die Venus 5832 Stunden (243 Tage).

Der Mars braucht etwas länger als unsere Erde mit 25 Stunden, der Jupiter benötigt zehn Stunden, der Saturn elf Stunden, der Uranus 17 Stunden, und der Neptun 16 Stunden.

Übrigens ist die Geschwindigkeit der Erde bei der Umrundung der Sonne keine feste Größe. Egal, wie gleichmäßig sie uns Menschen auch erscheint – sie verlangsamt sich immer mehr.

Die Länge eines Erdentages wird 25 Stunden betragen ... in etwa 175 Millionen Jahren. Du musst also noch nicht deine Uhr wegwerfen.

DAS ABC AUF KHMER

SPRACHE

Etwa 14 Millionen Menschen in den Ländern Kambodscha, Vietnam, Thailand und Laos sprechen Kambodschanisch, auch »Khmer« genannt.

Während das deutsche Alphabet 26 Buchstaben hat (ABCDE FGHIJ KLMNO PQRST UVWXYZ), hat das kambodschanische Alphabet sage und schreibe 74 Buchstaben.

Das ist das längste Alphabet unter allen Sprachen auf der Welt. Je nach Zählart hat es 33 Konsonanten, 24 Vokale, 14 sogenannte Initialvokale und drei Zeichen, die nicht mehr in Gebrauch sind. Eine weitere Besonderheit ist, dass die Wörter in einem Satz ohne Leerzeichen zusammengeschrieben werden.

74 Buchstaben? Kambodschanische Kinder müssen das wohl längste Alphabet-Lied der Welt lernen.

ALS HAMBURGER WERTVOLLER ALS GOLD WAREN

ESSEN

So wie wir heute beispielsweise Sesamkörner auf Hamburgerbrötchen streuen, wurden Gewürze schon seit Tausenden von Jahren benutzt.

Sehr begehrt waren schon immer Gewürze, die es nicht im eigenen Land gab. In Europa wuchsen nur wenige Gewürzpflanzen, so dass viele aus Asien beschafft werden mussten.

Händler machten sich um das Jahr 1000 auf den Weg, um in Asien Gewürze zu kaufen und sie in Europa zu verkaufen. Solche Gewürzrouten waren gefährlich und schwierig zu bereisen, denn es gab noch nicht viele sichere und befestigte Straßen.

Daher versuchten die Händler Wege zu finden, die einfacher und günstiger als die Gewürzrouten waren. Das 15. bis 17. Jahrhundert bezeichnet man daher als das Zeitalter der Entdeckung. Schiffe erkundeten die Erde und fanden neue Länder und Kontinente.

Gewürze wie Sesam waren ihr Gewicht in Gold wert. Niemand wäre damals auf die Idee gekommen, Sesamkörner von seinem Hamburger zu pflücken. Wenn es schon Hamburger gegeben hätte.

DER STILLSTE ORT IST NICHT AUSZUHALTEN

WISSENSCHAFT

Was ist schwerer auszuhalten: der Lärm einer Baustelle oder der ruhigste Ort der Erde? **Es klingt verrückt, aber du würdest den ruhigsten Ort der Erde nicht länger als eine Schulstunde ertragen.**

In den Orfield Laboratories in Minnesota, USA, gibt es einen schalltoten Raum, der so leise ist, dass überhaupt nichts zu hören ist.

Steven Orfield, der Gründer des Raumes, sagt: »Wir fordern die Leute auf, in der dunklen Kammer zu sitzen. Wenn es ruhig ist, passen sich die Ohren an. Je leiser der Raum, desto mehr Dinge hört man. Du hörst dein Herz schlagen, manchmal sogar deine Lungen atmen oder deinen Magen gurgeln. Im schalltoten Raum wirst du zum Klang.«

Die Leute, die den Raum betreten, haben Schwierigkeiten aufzustehen, weil der Mensch Geräusche zur Orientierung nutzt. Laut Orfield ist die längste Zeit, die jemand die extreme Stille ausgehalten hat, 45 Minuten.

Aber der Raum ist nicht nur zum Quälen von Menschen da. Unternehmen testen ihre Produkte darin, um herauszufinden, wie laut sie sind. Und die Weltraumbehörde NASA hat Astronauten geschickt, um ihnen zu helfen, sich an die Stille des Weltalls zu gewöhnen.

ROBOTER HABEN DEN MARS ÜBERNOMMEN
WELTRAUM

Alles begann im 16. Jahrhundert mit Galileo Galilei – die erste Person, die den Mars mit einem Teleskop beobachtete. Im folgenden Jahrhundert entdeckten Astronomen die polaren Eiskappen des Planeten Mars. Dann passierte lange Zeit wenig.

Kleine Raumschiffe umflogen in den 1960er Jahren den Mars. Die Missionen ergaben, dass der Mars eine karge Welt ist, ohne Anzeichen von Leben. 1971 umkreiste ein neues Schiff den Mars, kartierte etwa 80 Prozent des Planeten und entdeckte seine Vulkane und Schluchten.

Weitere Raumschiffe folgten, 1996 sogar ein Rover, der auf der Mars-Oberfläche fahren und Gesteine analysieren konnte. 2001 startete die amerikanische Weltraumbehörde NASA die Odyssey-Sonde, die riesige Mengen an Wassereis unter der Oberfläche entdeckte.

2003 kam der Mars näher an die Erde heran als je zuvor in den letzten 60.000 Jahren. Die NASA fand mit zwei Mars-Rovern heraus, dass früher Wasser auf der Oberfläche floss.

Zwar gibt es noch keine Menschen auf dem Mars, aber dafür Roboter, die uns den Weg weisen.

WOHER DIAMANTEN IHRE FARBE ERHALTEN

WELT

Diamanten sind wunderschön – trotz ihres Alters. Viele natürlichen Diamanten sind drei bis vier Milliarden Jahre alt.

Die meisten Diamanten wurden in einer Tiefe zwischen 150 und 250 Kilometern im Erdmantel gebildet.

Unter hohem Druck und hohen Temperaturen lösten kohlenstoffhaltige Flüssigkeiten Mineralien auf und schufen Kohlenstoffgitter: die Diamanten. Vor zehn bis hundert Millionen Jahren wurden sie bei Vulkanausbrüchen an die Oberfläche getragen.

Da die Anordnung der Atome im Diamant extrem fest ist, reicht ein einziges fremdes Atom pro eine Million Atome aus, um Diamanten zu verunreinigen und die Farbe zu ändern.

Wird ein Diamant mit dem Element Bor verunreinigt, dann erscheint der Diamant blau. Ist das Fremdelement Stickstoff, dann sieht der Diamant gelb aus. Weitere Farben können entstehen, wenn beim Aufbau des Diamanten ein Fehler passiert.

Übrigens: Diamanten glänzen nicht von selbst, sie spiegeln nur das Licht.

OHNE SPUCKE KEIN GESCHMACK
MENSCH

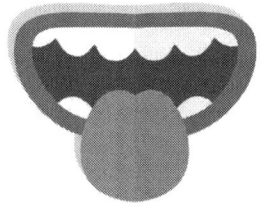 **Spucke, auch Speichel genannt, ist ein wichtiger Teil deines Körpers.** Speichel ist eine klare Flüssigkeit, die von mehreren Drüsen im Mund gebildet werden.

Zwar besteht er fast nur aus Wasser, aber er enthält auch Dinge, die dein Körper braucht, um Nahrung zu verdauen und deine Zähne zu stärken.

Die durchschnittliche Person produziert bis zu zwei Liter pro Tag. Ohne es groß zu bemerken, schluckst du andauernd Speichel herunter.

Damit dir Essen schmeckt, müssen sich die Substanzen aus dem Essen im Speichel auflösen. Erst dann kannst du erkennen, was du überhaupt isst.

Du kannst dies mit einem kurzen wissenschaftlichen Experiment überprüfen. Nimm ein sauberes Handtuch und reibe deine Zunge trocken. Lege dann einige trockene Lebensmittel auf deine Zunge, eines nach dem anderen, wie zum Beispiel einen Keks oder eine Brezel.

Nach dieser Sitzung trinkst du ein Glas Wasser und wiederholst den Vorgang. Hast du einen Unterschied geschmeckt?

SCHWEISS STINKT NICHT
MENSCH

Es trifft dich wie ein Schnellzug. Ein schrecklicher Geruch, der aus der Richtung deines Banknachbarn in der Schule kommt: Körpergeruch, Schweiß.

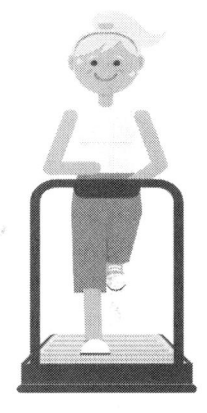

Typischerweise entwickelt sich Körpergeruch, wenn du und deine Mitschüler in die Pubertät kommen. Besonders betroffen sind Menschen, die viel schwitzen, die fettleibig sind oder die regelmäßig scharfes Essen zu sich nehmen.

Der Schweiß selbst ist übrigens für den Menschen fast geruchlos. Das heißt: Es ist nicht der Schweiß, der stinkt. In Wirklichkeit sind es die Bakterien, die stinken, und zwar Bakterien, die Eiweiß aus dem Schweiß in bestimmte Säuren zerlegen.

Körpergeruch tritt meist unter den Achselhöhlen, im Bauchnabel, in der Leistengegend, im Schambereich und an den Füßen auf.

Jeder hat einen einzigartigen Körpergeruch, der durch Ernährung, Geschlecht und Gesundheit beeinflusst wird. Hunde verwenden ihn, um ihr Herrchen oder Frauchen zu finden.

ES WAR EINMAL EIN EISBÄR IN LONDON
GESCHICHTE

Heinrich III. war ein englischer König im 13. Jahrhundert. Er betrieb einen Tiergarten in seinem Herrenhaus in Oxford, mit großen Mauern um Kamelen, Löwen, Hyänen, Leoparden und Wildschweinen.

Als das Herrenhaus zu klein für die Tiere wurde, zog die Sammlung in den Tower of London um. Im Jahr 1252 machte ihm dann der norwegische König Håkon IV. ein besonderes Geschenk. Ein Tier, das Heinrich III. noch fehlte: ein Eisbär.

Als die großen Feierlichkeiten und Zeremonien vorüber waren, **dämmerte dem englischen König, dass London nicht annähernd genug Robben besaß, um den Eisbären zu ernähren.**

Seine Lösung war einfach: Der Eisbär bekam ein großes Halsband und wurde an ein starkes Seil angekettet. Fortan durfte er sich selbst Futter suchen – in der Themse, dem großen Fluss in London.

Du musst bedenken, dass es zu dieser Zeit noch keine Kanalisation gab. In der stinkenden Themse trieb allerlei Müll und Unrat. Der Eisbär hat sich wohl vor allem von Fischen und Ratten ernährt.

DAS GROSSE WISSENS-QUIZ

1. Wer entwarf die US-Flagge?
   A) Robert G. Heft
   B) Grobi H. Buch
   C) Hobbi R. Magazin

2. Die Idee zur Raumfahrt entstand im …
   A) 17. Jahrhundert
   B) 18. Jahrhundert
   C) 19. Jahrhundert

3. Die erste Ampel lief nur einen Monat, …
   A) dann war sie mit Taubendreck übersät.
   B) dann fiel der Strom aus.
   C) dann explodierte sie.

4. Wo ging die erste Rolltreppe in Betrieb?
   A) Pariser Metro
   B) Londoner U-Bahn
   C) Wuppertaler Schwebebahn

5. Warum hassten englische Taxifahrer Regenschirme?
   A) Sie hatten dieselbe Farbe wie Taxis.
   B) Sie machten die Taxis nass.
   C) Bei Regen wurden weniger Taxis gerufen.

6. Welches Tier trug mal die Post aus?
   A) Katze
   B) Hund
   C) Maulesel

7. Wer erfand den Namen »Jessica«?
   A) Galileo Galilei
   B) Shakespeare
   C) Justin Bieber

8. Warum sollte Alfredo Binda kein Fahrradrennen fahren?
   A) Er würde eh wieder stürzen.

B) Er würde eh wieder gewinnen.

C) Er würde sich eh wieder verfahren.

9. Warum gibt es die Tour de France?

A) Damit Touristen Frankreich kennenlernen

B) Als Probefahrt für Autos

C) Als Werbeveranstaltung für eine Zeitung

10. Im Jahr 1936 gewannen zwei Japaner im Stabhochsprung …

A) Zwei Goldmedaillen

B) Jeweils Gold und Silber

C) Jeweils Silber und Bronze

11. Wer war der bestbezahlte Sportler aller Zeiten?

A) Der Basketballer Michael Jordan

B) Der Wagenlenker Diocles

C) Der Golfer Tiger Woods

12. Wann war Tauziehen olympischer Sport?

A) Von 1900 bis 1920

B) Von 1920 bis 1940

C) Von 1980 bis 2000

13. Welche Sportarten waren olympisch?

   A) Sackhüpfen und Pferde-Weitsprung

   B) Baumstammwerfen und Hundehochsprung

   C) Fischen und Diskutieren

14. Was ist ein Hole-in-one beim Golfen?

   A) Wenn man einen Vogel mit dem Ball trifft

   B) Wenn man einen Ball verschlägt und ihn zurückholen muss

   C) Wenn man mit einem Schlag einlocht

15. Warum sind Bälle im Baseball dreckig?

   A) Damit man sie besser sieht.

   B) Damit man sie besser greifen kann.

   C) Weil es sich nicht lohnt, sie zu waschen.

16. Welche Frau lief verkleidet Marathon?

   A) Bobbi Gibb

   B) Robin Gibb

   C) Bibbi Gobbo

17. Eine Galaxie ist eine Ansammlung von …

   A) Sternen, Planeten und Gasnebeln

   B) Monden und Sternzeichen

   C) Planeten, die um die Sonne kreisen

18. Welches Lied wurde auf dem Mars gespielt?

A) Hoppe Hoppe Reiter

B) Ich geh mit meiner Laterne

C) Happy Birthday

19. Wonach riecht das Weltall?

A) Verbrannte Spaghetti

B) Verbranntes Steak

C) Verbranntes Olivenöl

20. Wieviel Weltraumstaub fällt täglich auf die Erde?

A) 100 Tonnen

B) 200 Kilogramm

C) 300 Zentner

21. Wofür brauchen Physiker Spielekonsolen?

A) Zur Berechnung schwarzer Socken

B) Zur Berechnung schwarzer Löcher

C) Zur Berechnung schwarzer Katzen

22. Was kann auf dem Planeten Jupiter regnen?

A) Wasser

B) Löschflüssigkeit

C) Diamanten

23. Wann verschwinden Schuhabdrücke auf dem Mond?

    A) Nach etwa 50 Millionen Jahren

    B) Nach etwa 500 Millionen Jahren

    C) Nie

24. Was sind Beispiele für künstliche Sprachen?

    A) Klingonisch, Elbisch und Dothrakisch

    B) Bambara, Fante und Tigrinya

    C) Dari, Esan und Zaza

25. Welche Buchstaben fehlen dem italienischen Alphabet?

    A) J, K, W, X und Y

    B) K, P, Q, W und X

    C) C, H, J, W und Y

26. Was ist ein Beispiel für ein Ambigramm?

    A) Das französische Wort »JEU« (Spiel)

    B) Das deutsche Wort »POPO«

    C) Das englische Wort »NOON« (Mittag)

27. Welches englische Wort hat kein Reimwort?

A) Gold

B) Orange

C) Violet

28. Was ist ein(e) »spelling bee«?

A) Pferderennen

B) Bienenkorb

C) Buchstabierwettbewerb

29. Welche Wörter gibt es nicht in der irischen Sprache?

A) »Ja« und »Nein«

B) »Gut« und »Schlecht«

C) »Kobold« und »Gnom«

30. Warum heißt es »Ping Pong« und nicht »Pong Ping«?

A) Anlautdoppelung

B) Ablautdoppelung

C) Auflautdoppelung

31. Was ist ein Beispiel für ein Palindrom?

A) Bobbitobbi

B) Kleckerzecke

C) Annasusanna

32. Was ist Dihydrogenmonoxid?

   A) Salzsäure

   B) Wasser

   C) Chlorgas

33. Welcher Leichtathlet brach in 45 Minuten fünf Weltrekorde?

   A) Jesse Owens

   B) Usain Bolt

   C) Florence Griffith-Joyner

34. Was ist tödlicher für den Menschen?

   A) Haie

   B) Federball

   C) Verkaufsautomaten

35. In welchem Jahr erfand Johannes Gutenberg die Druckerpresse?

   A) 1450

   B) 1650

   C) 1850

36. Warum haben Diamanten verschiedene Farben?

A) Durch Verunreinigungen

B) Durch Kontakt mit der Luft

C) Färbung durch Menschenhand

37. Was kann man aus Elefantendung herstellen?

A) Gewürze

B) Bier und Kaffee

C) Kaninchenfutter

38. Prinz Charles betankt sein Auto mit …

A) Wurstwasser

B) Whiskey

C) Wein

39. Ist es in Deutschland erlaubt, aus dem Gefängnis auszubrechen?

A) Ja

B) Nein

C) Unter Umständen

40. Wie lang war der längste Hochzeitsschleier?

A) Fast 1 Kilometer

B) Fast 3 Kilometer

C) Fast 7 Kilometer

41. Wieviel kann eine Ameise tragen?

  A) Das 5-fache des Körpergewichts

  B) Das 20-fache des Körpergewichts

  C) Das 50-fache des Körpergewichts

42. Welches Tier ist in der schottische Version des britischen Königswappens?

  A) Schildkröte

  B) Einhorn

  C) Seeschlange

43. Was haben Koalas mit Menschen gemeinsam?

  A) Fingerabdrücke

  B) Sprache

  C) Fähigkeit zum Uhrenlesen

44. Wieviel Liter Milch trinkt ein Blauwal-Baby pro Tag?

  A) 5 Liter

  B) 200 Liter

  C) 1000 Liter

45. Wie alt können Grönlandhaie werden?

  A) Über 50 Jahre

B) Über 150 Jahre

C) Über 400 Jahre

46. Welches Tier zog den ersten Kinderwagen?

A) Schimpanse

B) Ziege

C) Berggorilla

47. Wie viele Herzen hat ein Oktopus?

A) Eins

B) Drei

C) Acht

48. Welches Material enthalten Bleistifte?

A) Helium

B) Graphit

C) Blei

49. Wie nennt man absichtlich falsche Einträge in Wörterbüchern?

A) D-Züge

B) H-Milch

C) U-Boote

50. In welchem Land findet der Schulunterricht in zwei Schichten statt?

A) Philippinen

B) Paraguay

C) Pakistan

51. In welchem Land gibt es die größte Schule der Welt?

A) Indien

B) Irland

C) Israel

52. In welchem Land ist Schach ein Unterrichtsfach?

A) Argentinien

B) Armenien

C) Australien

53. Wie lagert man Eis in der Wüste?

A) Mit Bootmützes

B) Mit Yachtschals

C) Mit Schiffhelms

54. Mit wie vielen Knochen werden wir Menschen geboren?

A) 206

B) 300

C) 432

55. Wie schnell kannst du niesen?

  A) Wie der schnellste Schwimmer der Welt

  B) Höchstgeschwindigkeit eines Geparden

  C) Wie ein Elfmeterschuss beim Fußball

56. Welche Zahl ist besonders groß?

  A) Seelöwen-Zahl

  B) Grahams Zahl

  C) Abrahams Zahl

57. Welche Farbe hatten Karotten früher?

  A) Lila

  B) Schwarz-weiß

  C) Regenbogenfarben

58. Isst man mit größeren Gabeln mehr oder weniger?

  A) Weniger

  B) Gleich viel

  C) Mehr

59. Was war mal wertvoller als Gold?

  A) Beton

  B) Erdmännchen

  C) Sesamkörner

60. Wie schnell entstehen Berge?

  A) So schnell wie Flüsse fließen

  B) So schnell wie Fingernägel wachsen

  C) So schnell wie Schneeflocken fallen

ANTWORTEN

1A, 2A, 3C, 4B, 5C,
6A, 7B, 8B, 9C, 10C,

11B, 12A, 13A, 14C, 15B,
16A, 17A, 18C, 19B, 20A,

21B, 22C, 23A, 24A, 25A,
26C, 27B, 28C, 29A, 30B,

31C, 32B, 33A, 34C, 35A,
36A, 37B, 38C, 39A, 40C,

41C, 42B, 43A, 44B, 45C,
46B, 47B, 48B, 49C, 50A,

51A, 52B, 53B, 54B, 55C,
56B, 57A, 58A, 59C, 60B

BAND 1: 100 VERBLÜFFENDE FAKTEN FÜR COOLE KIDS

Einhundert unglaubliche und unterhaltsame Fakten gibt es im ersten Buch der Reihe »Fakten für coole Kids«. Band 1 bietet Antworten auf spannende Fragen wie

- Wo fährt man mit einer Seilrutsche zur Schule?
- Wer ist der dümmste Bankräuber aller Zeiten?
- Warum gefriert heißes Wasser schneller als kaltes?

- Wer erfand Glitter und warum?
- Wie viele Leute brauchen wir für eine Weltraumkolonie?
- Warum hatten Europäer früher Angst vor Tomaten?

Erfahre unglaubliche Fakten in den zehn Themenbereichen Sport, Weltraum, Mensch, Wissenschaft, unsere Welt, Geschichte, Schule, Sprache, Essen und Tiere.

Kann man Astronauten Pizza liefern? Welcher Herrscher war immun gegen Gift? Was haben Giraffen und Sofas gemeinsam? Mit welchen Tricks kann man schneller multiplizieren?

Viele Bilder, eine einfache Sprache und kurze Texte machen das Buch auch für Lesemuffel zum Vergnügen. Mit großem Wissens-Quiz.

Kundenstimmen auf Amazon.de:

»Meine beiden Jungs kommen nach Hause und streiten sich als Erstes um das Buch. Sie suchen sich dann was Cooles raus und können es gar nicht abwarten, es mir oder dem Papa zu erzählen!« - Elisa

»Hab das Buch für meinen Neffen gekauft, und er ist begeistert. Er hört gar nicht mehr auf, über das Buch zu sprechen. Ganz klar weiterzuempfehlen.« - Nora

»Echt genial! Es fördert ungemein den Drang zu mehr Wissen. Wir haben als Familie viel geschmunzelt und gelacht. Und von einigen Fakten sprechen wir immer noch.« - Ralf Lendi

Jetzt bei Amazon erhältlich!

- ISBN 978-3-948577-04-9 (eBook)
- ISBN 978-3-948577-05-6 (Taschenbuch)
- www.signifant.de

BAND 2: 100 ERSTAUNLICHE FAKTEN FÜR COOLE KIDS

Der Spaß geht weiter! Auch Band 2 der Reihe »Fakten für coole Kids« bietet wieder viele erstaunliche und unterhaltsame Fakten. Du erfährst die Antworten auf spannende Fragen wie

- Wo regnen Frösche vom Himmel?
- Wofür brauchen Astronauten Klebeband?
- Warum sind Eier oval?

- Warum trugen Piraten Augenklappen?
- Kann man im Weltall Bier brauen?
- Welches Tier ist das lauteste der Welt?

Erfahre unglaubliche Fakten in den zehn Themenbereichen Sport, Weltraum, Mensch, Wissenschaft, unsere Welt, Geschichte, Schule, Sprache, Essen und Tiere.

Viele Bilder, eine einfache Sprache und kurze Texte machen das Buch auch für Lesemuffel zum Vergnügen. Mit großem Wissens-Quiz.

Kundenstimmen auf Amazon.de:

»Mein Sohn und ich lesen gerne aus diesem Buch. Man kann sehr viel lernen. Ich bin mit dem Kauf sehr zufrieden.« - Boguslawski

»Dieses Buch ist super geeignet, sein Kind sinnvoll zu beschäftigen. Ich würde es auf jeden Fall weiterempfehlen.« - M.W.

»Tolles Buch mit wunderschönen Bildern, die ganze Familie liebt es. Es ist ideal für wissenshungrige Kids, die wissen wollen, wie was wann funktioniert.« - Witt

Jetzt bei Amazon erhältlich!

- ISBN 978-3-948577-06-3 (eBook)
- ISBN 978-3-948577-07-0 (Taschenbuch)
- www.signifant.de

BAND 4: 100 ÜBERRASCHENDE FAKTEN FÜR COOLE KIDS

Endlich ist Band 4 da! Freue dich auf den neuesten Band in der Reihe »Fakten für coole Kids«. Die Welt ist voll von überraschenden, unterhaltsamen und lehrreichen Fakten, wie zum Beispiel

- Was passiert, wenn man Ratten kitzelt?
- Wie kann man Zwillinge unterscheiden?

- Warum schnarchen Astronauten nicht?
- Was war das verrückteste Fußballspiel?
- Wie überlebt man alleine auf dem Meer?
- Welche 7 Dinge kannst du nicht gleichzeitig tun?

Erfahre unglaubliche und überraschende Fakten in den zehn Themenbereichen Sport, Weltraum, Mensch, Tiere, unsere Welt, Geschichte,
Schule, Sprache, Essen und Wissenschaft.

- Wann verordnen Ärzte ein Computerspiel?
- Welches Tier hat grünes Blut?
- Was ist Extrembügeln?
- Wie verhandelte Julius Cäsar?
- Welcher Fußballprofi konnte kein Fußball spielen?
- Wie können Tiere sich selbst verarzten?

Viele Bilder, eine einfache Sprache und kurze Texte machen das Buch
auch für Lesemuffel zum Vergnügen. Mit großem Wissens-Quiz.

Jetzt bei Amazon erhältlich!

- ISBN 978-3-948577-12-4 (eBook)
- ISBN 978-3-948577-13-1 (Taschenbuch)
- www.signifant.de

SPASS UND FREUDE AM EINMALEINS

Spaß und Freude am Einmaleins? Mit diesem Übungsheft wird es möglich! Mit mehr als 800 Aufgaben auf über 110 Seiten bietet das Übungsheft wochenlangen Lernspaß.

Schenken Sie Ihrem Kind Freude und Spaß am Einmaleins und gute Noten im Mathematik-Unterricht.

Ihr Kind lernt das Einmaleins wie im Einzelunterricht:

- Pädagogisch aufgebaute Einzelschritte bis zum vollständigen Einmaleins
- Sanfter Einstieg vom Plusrechnen zum Malrechnen
- Alle Themen des Unterrichts wie Kern-/Königsaufgaben, Verdoppeln, Halbieren und Quadratzahlen
- Geschicktes Multiplizieren mit Rechentricks, Tausch- und Nachbaraufgaben
- Behutsame Einführung in die Division mit den Themen Aufteilen, Verteilen, Halbieren und Umkehraufgaben
- Textaufgaben und Sachaufgaben
- Mit Einmaleinstafel und Einmaleinstabelle

Das Selbstlernheft ist in der Praxis erprobt, und die Übungen sind von Grundschullehrern empfohlen.

Kundenstimmen auf Amazon.de:

»Die Übungen sind interessant aufgebaut. Mit Bildern und Beispielen werden die Übungen Schritt für Schritt erklärt.« - Stefan Neumann

»Da meine kleine Prinzessin so ihre Probleme mit dem 1 x 1 hat, habe ich ihr dieses Buch geschenkt. Und jetzt hat sie sogar Spaß daran. Was bin ich froh, dass ich dieses Buch gefunden habe.« - C. M.

Jetzt bei Amazon erhältlich!

- ISBN 978-3-948577-22-3 (Taschenbuch)
- www.signifant.de